战创伤化装技术

主编 金慧玉 马 慧 王慧英

科学出版社

北京

内 容 简 介

本书是有关战创伤伤情模拟指导用书，适用于野战演习、军事训练、战救技能培训、灾害紧急救援等实践教学中，有助于提升实战化体验。通过融合上色、文身、伪装、塑模等技术模拟伤情，能够生动、准确、真实地再现伤员受伤的真实场景，从而达到将伤情逼真直观呈现的目的。本书介绍了战创伤致伤机制、战伤化装的意义、化装应用工具、色彩的基本理论知识、各大类伤情机制及模拟手法等内容，可作为院校、医院临床教学的指导用书，提高临床救治质量和应急处置能力。

图书在版编目（CIP）数据

战创伤化装技术/金慧玉，马慧，王慧英主编．—北京：科学出版社，2022.1

ISBN 978-7-03-068826-2

Ⅰ．①战⋯ Ⅱ．①金⋯ ②马⋯ ③王⋯ Ⅲ．①创伤－军事医学 Ⅳ．① R826

中国版本图书馆 CIP 数据核字（2021）第 092033 号

责任编辑：李 玫 / 责任校对：张 娟
责任印制：赵 博 / 封面设计：龙 岩

版权所有，违者必究，未经本社许可，数字图书馆不得使用

科 学 出 版 社 出版
北京东黄城根北街 16 号
邮政编码：100717
http://www.sciencep.com

三河市春园印刷有限公司 印刷
科学出版社发行 各地新华书店经销

*

2022 年 1 月第 一 版　开本：720×1000　1/16
2022 年 1 月第一次印刷　印张：7
字数：120 000

定价：68.00 元

（如有印装质量问题，我社负责调换）

编著者名单

主　编　金慧玉　马　慧　王慧英
副主编　李　萍　章　洁　李　军　陈汝雪
编著者　（按姓氏笔画排序）
　　　　王　蒨　史　巍　任　俊　刘荣荣
　　　　孙　琳　李　雪　李　超　李东韬
　　　　沈晶婧　张爱丽　陈彦青　高苗莉
　　　　曹剑秋

序

人类的文明发展史是不断在灾害事故和武装冲突中自我拯救的延绵不断的过程，在几千年的历史中战创伤的救护能力也在不断提高、完善。新世纪以来地震、火灾、洪涝、海啸、滑坡、坍塌等自然灾害，车祸、事故、恐怖爆炸等人为灾害及武装冲突频发，造成创伤和战伤的危重程度越来越高、伤情越来越复杂，战创伤现场的急救处置直接关系到伤员救治效果。开展战创伤现场的急救训练不仅是提高卫生专业人员的救治能力，也是培养现场非卫生专业人员及伤员自救互救处置能力的必要途径。为了提高现场急救的训练效果，伤员的化装必不可少，让受训人员在近似真实的场景下开展实战化现场处置训练，在视觉和心理上感受到紧张的氛围，对于提高实战能力具有重要的作用。

目前，战创伤现场急救技术培训的教材、资料非常丰富，但是如何设置逼真伤情效果的教材非常少。金慧玉主任的团队以战创伤急救实战化训练需求为牵引，编写了《战创伤化装技术》一书，本书针对性、实用性强，深入浅出、图文并茂、通俗易懂，对于提高战创伤现场急救训练效果和能力，无疑是雪中送炭。

希望该书的出版能为广大卫勤人员、医护人员、教学人员提供技术指导，通过伤情化装模拟的应用提高应急处置能力。

研究员

军事科学院军事医学研究院
国际军事医学委员会科学委员会委员
国际军事医学委员会卫勤管理专业委员会主席

前言

随着科学技术的迅猛发展，现代战争作战方式、武器杀伤性和伤势的复杂性更为突出，残酷战场环境带给参战人员的心理冲击更为强烈，而广大官兵对战伤的认识大多来源于书本资料及影视作品，在训练中无法直观体验、缺乏心理适应，尤其是非卫勤专业人员，一旦战争爆发，极可能出现心理失衡甚至崩溃，这将严重制约卫勤训练实战化水平的提升。因此，除了充分预计战场的复杂性，对于帮助官兵适应战场伤亡带来的心理冲击，真实模拟伤情、有效开展战创伤救治训练显得尤为重要。

战创伤化装技术是通过融合上色、文身、伪装、塑模等技术，于真人或模型上模拟特定伤情，生动、准确、真实地再现战场伤员受伤的场景，增强了视觉与触觉的效果，在实际教学中起最直观、最有效的要作用，有助于节省模拟成本、提升学员演练参与度、预防心理应激、提高处置战创伤能力。

中国人民解放军总医院第六医学中心护理部牵头组织了由多位专家和骨干共同编写的这本《战创伤化装技术》，以化妆特效技术及外科学为基础，理论结合实际，对战创伤模拟技术意义、战创伤化装箱、色彩、模拟技术使用工具和材料等进行了介绍，同时对现代战创伤各类常见伤情模拟技术的标准化流程做了全面的阐述。本书力求做到内容全面新颖，文字精练，图文并茂，深入浅出，实用性强。

本书在撰写过程中得到了军事科学院军事医学研究院鱼敏研究员的悉心指导，并为本书作序，特此感谢！

本书涉及专业范围广泛，书中若存不妥之处，请广大读者及时反馈，以便再版时修正。

金慧玉　护理部主任
中国人民解放军总医院第六医学中心
2021 年 4 月

目　录

第一章　概述……………………………………………………………… 1
第二章　战创伤化装工具与材料………………………………………… 6
第三章　轻伤……………………………………………………………… 13
第四章　枪弹伤…………………………………………………………… 18
第五章　异物嵌入伤……………………………………………………… 22
第六章　开放性骨折……………………………………………………… 29
第七章　烫伤……………………………………………………………… 37
第八章　烧伤……………………………………………………………… 43
第九章　断肢伤…………………………………………………………… 54
第十章　撕裂伤…………………………………………………………… 65
第十一章　面部炸伤……………………………………………………… 72
第十二章　手部炸伤骨外露……………………………………………… 78
第十三章　日晒伤………………………………………………………… 86
第十四章　冻伤…………………………………………………………… 91
第十五章　面部刀割伤…………………………………………………… 96
参考文献…………………………………………………………………… 102

第一章

概 述

战创伤化装技术是利用特效化装用品，将各类伤情进行描画渲染，通过融合上色、文身、伪装、塑模等技术，于真人或模型上模拟特定伤情，生动、准确、真实地再现战场伤员受伤的真实场景，从而达到将伤情逼真、直观呈现的目的。

"化妆"和"化装"都是动词,都有打扮、修饰容貌的意思,但使用范围有区别。"化妆" 是运用化妆品，对人体面部、五官进行渲染、掩饰缺陷、表现神采，从而达到美化视觉感受的目的。本书中的"化装"是为了演习特殊场景的需要而模拟特定的伤员。"化装"不仅指头部、面部还包括身体，有"假扮"的意思，或是演员为了适合所扮演的角色修饰容貌，"化妆"则没有这种作用。"化装"与 "化妆" 的意思既有相同之处，又有所区别。

随着对实战化训练的关注度逐步提高，不断从戏剧化妆课中提炼出适用于还原战场救治、灾难救援现场伤情的化装技术应用于医学培训、军事训练课程中，成为弥补实战训练不足的最佳培训方法。

战创伤的真实呈现需要建立在伤情产生的合理基础上，因此需要结合战场环境、武器种类、受伤部位的组织特点、战创伤救治技术等因素，筛选合适的伤情图片，并根据图片背后的真实故事拟订可运行的脚本，最终通过脚本设定伤情的呈现形式。

一、战创伤化装意义

1.战创伤急救培训和演习中伤情化装可直接表现受伤状况和需要急救的部位，在视觉上给人以逼真的效果，是将参训人员带入战争或灾害场景中非常重要的一环，可给予参训人员真实的感受，使教学更标准、考核更规范、培训更实用，从而提升战创伤的救治能力。

2.战创伤化装的实施有助于为参训人员模拟野战环境下的实战气氛，为医护人员快速检伤分类、展开救治提供直观的条件，提高伤情预判效率，使救治技术应用更加合理，增强战场适应性，增强演练效果，提高救治水平。

3. 战创伤化装技术加强了演练的真实性，贴近实战，增加演练过程中战场急救的实战气氛，有效地渲染实战化氛围，激发参训人员的责任感与使命感。

二、化装的分类

1. **根据伤情分类**　烧伤、烫伤、出血、扭伤、擦伤、撕裂伤、骨折、断肢伤、中毒、内脏膨出等。

2. **根据致伤原因分类**　晒伤、刀割伤、枪伤、弹片伤、烫伤等。

三、色彩

色彩的运用贯穿化装工作始终，粉底使用、皮肤纠色、消除瑕疵、假体上色等都涉及色彩的理论知识，所以色彩理论知识是化装的基础。

（一）色彩的种类

丰富多样的颜色可以分成两个大类：无彩色系和有彩色系。

1. **无彩色系**　无彩色系是指白色、黑色和由白、黑两色调和形成的各种深浅不同的灰色。无彩色按照一定的变化规律可以排成一个系列，由白色渐变至浅灰、中灰、深灰、黑色，色度学上称为黑白系列。黑白系列中由白到黑的变化可以用一条直轴表示，一端为白，一端为黑，中间有各种过渡的灰色。纯白是理想的完全反射的物体，纯黑是理想的完全吸收的物体。可是在现实生活中并不存在纯白与纯黑的物体，颜料中采用的锌白和铅白只能接近纯白，煤黑只能接近纯黑。

无彩色系的颜色只有一种基本性质——明度，它们不具备色相和纯度的性质，也就是说它们的色相与纯度在理论上都等于零。色彩的明度可用黑白度来表示，愈接近白色，明度愈高；愈接近黑色，明度愈低。黑与白作为颜料可以调节物体色的反射率，使物体色提高明度或降低明度。

2. **有彩色系**　有彩色系是指红、橙、黄、绿、青、蓝、紫等颜色。不同明度和纯度的红橙黄绿青蓝紫色调都属于有彩色系。有彩色是由光的频率和振幅决定的，频率决定色相，振幅决定光强。有彩色系的颜色具有三个基本特性：色相、纯度（也称彩度、饱和度）、明度。在色彩学上也称为色彩的三大要素或色彩的三属性。

（二）色彩的三大要素

1. **色相**　色相是有彩色的最大特征，能比较确切地表示某种颜色色别的名称。如玫瑰红、橘黄、柠檬黄、钴蓝、群青、翠绿等。从光学物理上讲，各种色相是由射入人眼的光线的光谱成分决定的，对于单色光来说，色相的面貌完全取决于该光线的频率；对于混合色光来说，则取决于各种频率光线的相对量。物体的颜色是由光源的光谱成分和物体表面反射（或透射）的特性决定的。

2. 色彩纯度　色彩的纯度是指色彩的纯净程度，它表示颜色中所含有色成分的比例。含有色彩成分的比例愈大，则色彩的纯度愈高，含有色成分的比例愈小，则色彩的纯度也愈低。可见光谱的各种单色光是最纯的颜色，为极限纯度。当一种颜色掺入黑、白或其他彩色时，纯度就产生变化。当掺入的色达到较大比例时，在眼睛中反映出的颜色将失去原本的光彩，而变成掺和的颜色了。当然这并不等于说在这种被掺和的颜色里已经不存在原来的色素，而是由于大量掺入的其他彩色而使得原来的色素被同化，人的眼睛已经无法感觉出来了。

有色物体色彩的纯度与物体的表面结构有关。如果物体表面粗糙，其漫反射作用将使色彩的纯度降低；如果物体表面光滑，那么，全反射作用将使色彩比较鲜艳。

3. 色彩明度　明度是指色彩的明亮程度。各种有色物体由于反射光量的区别而产生颜色的明暗强弱。色彩的明度有两种情况：①同一色相不同明度，如同一颜色在强光照射下显得明亮，弱光照射下显得较灰暗模糊；同一颜色加黑或白掺和以后也能产生各种不同的明暗层次。②各种颜色的不同明度，每一种纯色都有与其相应的明度，白色明度最高，黑色明度最低，红、灰、绿、蓝色为中间明度。色彩的明度变化往往会影响到纯度，如红色加入黑色后明度降低了，同时纯度也降低了；如果红色加白则明度提高了，纯度却降低了。有彩色的色相、纯度和明度三特征是不可分割的，应用时必须同时考虑这三个因素。

（三）色彩的视觉

1. 色彩的冷、暖感　色彩本身并无冷暖的温度差别，是视觉色彩引起人们的心理联想，进而产生冷暖感觉。

（1）暖色：红、红橙、橙、黄橙、黄、棕色使人联想到太阳、火焰、热血等物象，产生温暖、热烈、豪放、危险等感觉。

（2）冷色：绿、蓝、紫色则会联想到天空、冰雪、海洋等物象，产生寒冷、开阔、理智、平静等感觉。

（3）中性色：黑色、白色和灰色是中性色。

2. 色彩的轻、重感　这主要与色彩的明度有关。明度高的色彩使人联想到蓝天、白云、彩霞及花卉、棉花、羊毛等，产生轻柔、飘浮、上升等感觉。明度低的色彩易使人联想到钢铁、大理石等物品，产生沉重、稳定、降落等感觉。此外，在相同明度下，暖色通常比冷色要重一些。

3. 色彩的软、硬感　色彩的软、硬感主要来自色彩的明度，但与纯度也有

一定的关系。纯度越低感觉越软，纯度越高则感觉越硬。纯度低的色彩有软感，中纯度的色彩呈柔感，使人联想起骆驼、狐狸、猫、犬等动物的皮毛及毛呢、绒织物等。色相与色彩的软、硬感几乎无关。

4.色彩的前、后感　各种不同频率的色彩在人眼视网膜上的成像有前后，红、橙、黄等光频低的色在内侧成像，感觉比较迫近，绿、蓝、紫等光频高的色则在外侧成像，在同样距离给人的感觉就比较开阔。实际上这是视错觉，一般暖色、纯色、高明度色、浊色、强烈对比色、大面积色、集中色等有迫近感觉，相反，冷色、淡色、低明度色、清色、弱对比色、小面积色、分散色等有开阔感觉。

5.色彩的大、小感　由于色彩有前后的感觉，不同频率的色彩在视网膜上成像的大小不同，因而暖色、高明度色等有扩大、膨胀感，看起来更大，而冷色、低明度色等有显小、收缩感，看起来更小。

6.色彩的鲜艳、质朴感　色彩的三要素对色彩的华丽及质朴感都有影响，其中与纯度关系最大。明度高、纯度高的色彩，丰富、强对比的色彩感觉鲜艳、强烈。明度低、纯度低的色彩，单纯、弱对比的色彩感觉质朴、古雅。但无论何种色彩，如果有配色，都能获得华丽的效果。

7.色彩的兴奋、镇静感　暖色、丰富多色彩的、强对比色使人感觉兴奋、活泼有朝气、轰轰烈烈，冷色使人感觉镇静、高远、开阔。对色彩的兴奋、镇静感影响最明显的是色相，红、橙、黄等暖色给人以兴奋感，绿、蓝、紫色使人感到镇静。高纯度鲜艳的颜色有兴奋感，低纯度柔和的颜色有镇静感。高明度、高纯度的色彩呈兴奋感，低明度、低纯度的色彩呈镇静感。

四、色彩在战创伤化装中的应用

（一）服从目的和功能

不同的伤情对于使用的色彩要求不同，如轻度擦伤以黄色、紫色油彩为主，重度擦伤以红色、黑色油彩为主，在使用时要根据伤情大小、形式、伤员情况选择相应的色彩。

（二）符合空间构图要求

色彩的应用必须符合伤情空间构图原则，正确处理协调和对比、统一与变化、主体与背景的关系。化装时首先要确定空间色彩主色调，主色调在战创伤化装中起主导、润色、烘托的作用；其次处理好统一与变化的关系，有统一而无变化达不到美的效果，因此，在统一的基础上力求变化以取得良好的效果。

（三）色彩的应用

1.大面积的色彩可作为对战创伤起衬托作用的背景色。

2. 在背景色的衬托下，以战创伤重点部位的颜色为主体色。

3. 需重点强调和点缀的、面积小却非常突出的重点色为强调色。以何种颜色为背景、主体和重点是战创伤化装首先应考虑的问题。同时，不同颜色之间的相互叠加关系则形成多层次的背景关系。

4. 注重色彩的重复或呼应：即将同一色彩用在关键的部位上，成为控制整个战创伤设计的关键色。

5. 使用强烈对比：色彩经由相互对比而得到加强，使用对比色可使视觉集中于使用部位。通过对比使色彩更加鲜明，从而加强了色彩的表现力。色彩对比不仅有色相上的对比，也有明度对比、彩度对比、清色与浊色对比、彩色与非彩色对比。

第二章

战创伤化装工具与材料

一、战创伤化装箱

战创伤化装箱主要用于收纳各类战创伤化装物资，箱内有多层，可分类放置各类物品，如化装工具、化装颜料等，整理收纳效果好，取用方便。箱体的材质一般为优质的铝合金型材料，具有空间合理、结构坚固、密闭性好等特点。专业化装箱大多比较复杂，隔层较多，功能强大，有许多可折叠的分隔盒。按打开方式分双开和单开（图2-1）。战创伤化装箱物品清单见表2-1。

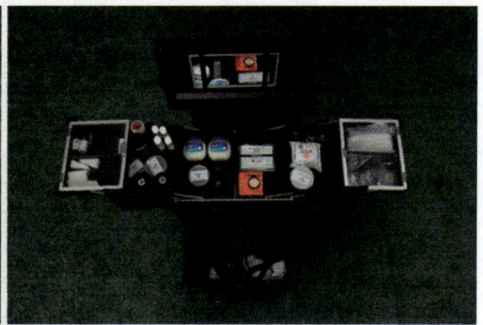

图 2-1　战创伤化装箱

表 2-1　战创伤化装物品清单

物品	数量	物品	数量	物品	数量
延展油	1瓶	黑色脏粉	1瓶	注射器	若干
酒精胶水	1瓶	凡士林	1瓶	棉签	若干
刀疤水	2瓶	调色板	1套	纱布	若干
粉底	1盒	脱脂棉	3包	一次性手套	若干
定妆粉	1盒	伤效海绵	2块	纸巾	1盒
六色油彩伤效盘	1盒	三角海绵	若干	湿纸巾	1盒

续表

物品	数量	物品	数量	物品	数量
血浆膏	2盒	油彩笔	1套	吹风机	1个
肤蜡	2盒	化妆刷	1套	调刀	1个
乳胶	1瓶	仿真玻璃碎片	若干	卸妆水	1瓶
液体血浆	1瓶	模具贴片	3个	黑色油彩	1盒
白胶	1瓶	酒精油彩伤效盘	1盒	红色油彩	1盒

二、战创伤化装携行包

战创伤化装携行包非常轻便，可收纳各类战创伤化装物品，里面有独立的透视网格，可分类放置各类物品，如化装工具、化装颜料等物品，材质一般是PU皮，具有空间合理、整理收纳效果好、取用方便等特点（图2-2）。战创伤化装携行包物品清单见表2-2。

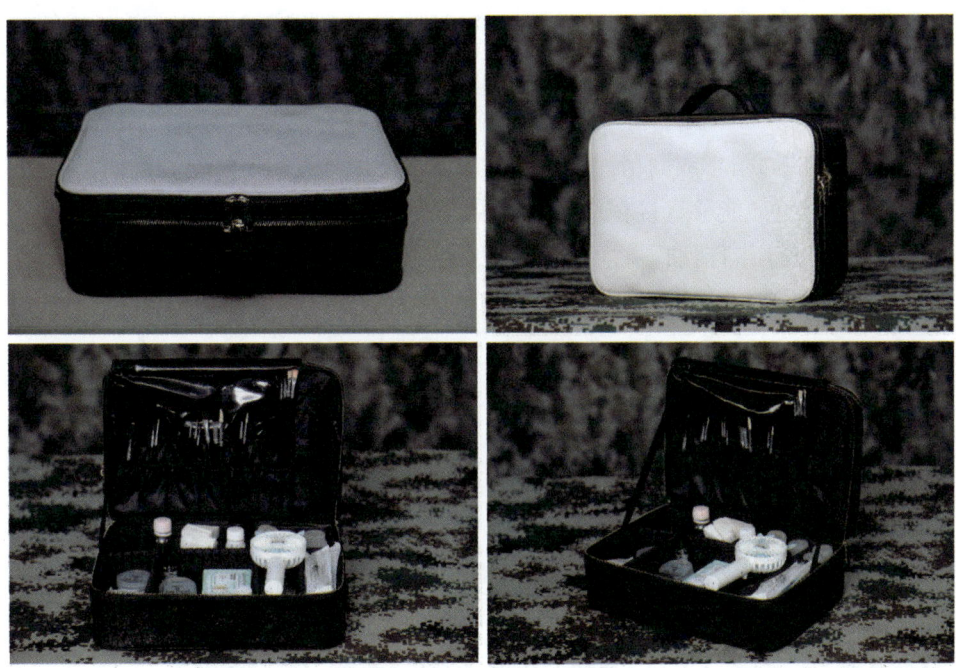

图2-2 战创伤化装携行包

表 2-2　战创伤化装携行包物品清单

物品	数量	物品	数量	物品	数量
延展油	1瓶	调刀	1个	吹风机	1个
肤蜡	1盒	脱脂棉	3包	棉签	若干
血浆膏	1盒	三角海绵	若干	纱布	若干
六色油彩伤效盘	1盒	伤效海绵	2块	一次性手套	若干
乳胶	1瓶	凡士林	1瓶	模具贴片	1个
液体血浆	1瓶	化妆刷	1套	仿真玻璃碎片	若干
黑色脏粉	1瓶	湿纸巾	1盒	纸巾	1盒
酒精胶水	1瓶	红色油彩	1盒	刀疤水	1瓶

三、战创伤化装材料

1. **六色油彩伤效盘**　是特效妆中常用的上色材料，可为淤青、红肿、擦伤、烧伤、割伤等各类伤化装上色。色彩真实自然，通常为膏状，适合直接在皮肤上使用，颜色能够任意混合、叠加。伤效油彩上妆简便，直接使用彩绘刷或上妆海绵即可（图2-3）。

2. **酒精油彩伤效盘**　特效化妆中常用的上色材料之一，通常为固态，可使用99%纯度的酒精（或酒精油彩激活液）溶解使用。可用于烧伤、割伤、擦伤、淤青等的预上色。能够直接在皮肤上使用，颜色透明度高且耐久度高，不宜脱妆，防水效果好。使用酒精油彩时可取剪短的鬃毛刷蘸取油彩，用手指拨动刷毛弹射，使油彩较为均匀地散落在皮肤表面，让颜色更加自然（图2-4）。

图 2-3　六色油彩伤效盘

图 2-4　酒精油彩伤效盘

3. **粉底**　是基础化妆品，在使用高光和阴影之前覆盖或模糊斑点及不均匀的肤色（图2-5）。

4.黑色脏粉 又名烟灰粉，特效妆中用于营造气氛，用刷子将粉涂在皮肤上或用手涂抹均可，使用清水、肥皂或洗面奶均可卸妆（图2-6）。

图2-5 粉底

图2-6 黑色脏粉

5.肤蜡 又名塑形蜡、刀伤蜡、假伤蜡等，是一种质地柔软细腻、黏性度良好、与人体生理皮肤的外部特征相似的材料，可用于刀伤、枪伤、擦伤、烫伤、碰伤、断肢等的化装。肤蜡的使用需要有一定的化妆技巧，不是简单的涂抹。由于肤蜡质地较厚，不易抹平和衔接，可与肤蜡延展油（凡士林或黄胶）配合使用，使之顺滑，便于涂抹，与皮肤更好地衔接。肤蜡的卸妆也很重要，先使用专用调刀将皮肤表面的蜡去除干净，然后使用酒精、卸妆水、洁面乳清洗按摩，直到黏性物质去除（图2-7）。

6.延展油 用于肤蜡的塑形延展，涂抹在肤蜡表面可用于平滑表面，涂抹在边缘可用于衔接边缘（图2-8）。

图2-7 肤蜡

图2-8 延展油

7.刀疤水 是速干、简易特效化妆品，用小刷子蘸取后直接刷在需要做效果的皮肤上，待干后形成瘢痕印记，多次涂抹可加深瘢痕深度（图2-9）。

8.乳胶 是经过硫化处理的天然乳胶，能够自然凝固，稳定性高、流动性好，操作简单，是特效化妆的基本材料，被广泛用于特效化妆中的伤疤假皮、局部假体塑形等。乳胶假皮一般使用酒精胶水粘贴，需使用专业的卸妆水进行卸妆（图 2-10）。

图 2-9　刀疤水　　　　　　　　　图 2-10　乳胶

9. 白胶　是特效化妆中常用的黏合剂之一，白胶由医用黏合剂发展而来，用于硅胶假皮、假伤疤等的黏合，白胶应少量涂抹，不可堆积，用吹风机吹至透明即可粘贴。干燥的白胶加入 99% 的酒精后可恢复黏性（图 2-11）。

10. 酒精胶水　是一种天然树脂胶，使用简单，干燥时间短，是特效化妆的黏合材料。酒精胶水适用于人体皮肤，能够粘贴假皮、假伤疤、肤蜡等。使用前将皮肤清洁干净，涂抹 2～3 层酒精胶水，2～3 分钟后晾至半干状态，用手指测试感觉有黏性时即可使用。卸除时应使用专业的卸妆水（图 2-12）。

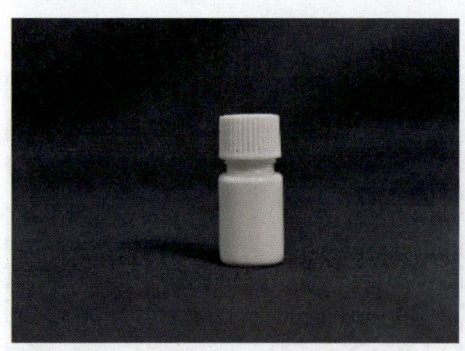

图 2-11　白胶　　　　　　　　　图 2-12　酒精胶水

11. 液体血浆　是特效化妆中常用材料之一，由蜂蜜、糖浆食用色素等材料配比而成，用于吐血、伤口、血渍等效果，颜色持久，效果逼真。可滴在嘴角、鼻孔或用于伤口润色（图 2-13）。

12. 血浆膏　具有"结痂"的能力，能模仿出血后血液凝固的效果（图 2-14）。

图 2-13 液体血浆

图 2-14 血浆膏

13. 卸妆水 是特效化妆里不可缺少的材料之一，可溶解酒精胶、白胶，不会对皮肤产生伤害。用较硬的化妆刷蘸取卸妆水在假皮与皮肤的衔接处涂抹，做出擦伤等散在出血点的效果。完全卸除后再用棉签或卸妆棉蘸取卸妆水清除皮肤上残留的胶水（图 2-15）。

14. 伤效海绵 配合血浆和伤效油彩可做出擦伤等逼真效果（图 2-16）。

图 2-15 卸妆水

图 2-16 伤效海绵

15. 化妆刷 用于上妆，使色彩均匀服帖，且不刺激皮肤（图 2-17）。

16. 油彩笔 用于涂抹油彩，伤口上色（图 2-18）。

17. 调色板 用来调和并搁置新鲜颜料（图 2-19）。

18. 调刀 也称万能刀，用于调粉底、塑形肤蜡等（图 2-20）。

19. 三角海绵 用三角海绵上妆易均匀涂抹、易于上妆（图 2-21）。

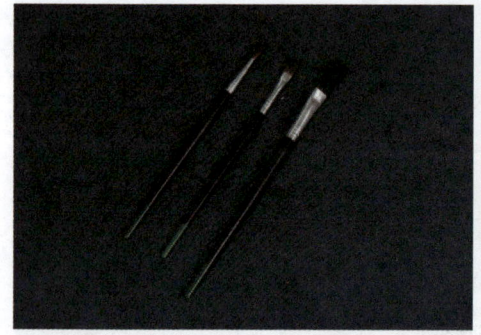

图 2-17　化妆刷

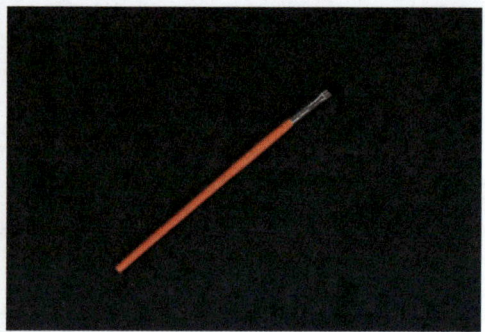

图 2-18　油彩笔

图 2-19　调色板

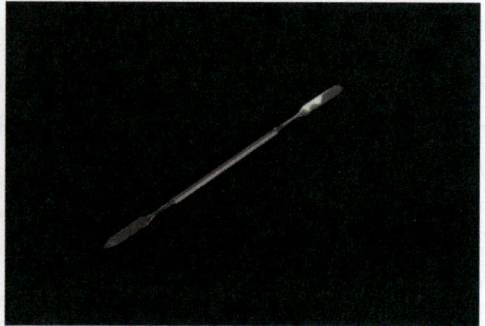

图 2-20　调刀

图 2-21　三角海绵

第三章

轻 伤

本章所介绍的轻伤化装是各类伤情所呈现出来的皮肤表现，为红肿、淤青、扭伤、擦伤等，这些表现也可出现在其他严重伤情中，因此，轻伤化装也是各类战创伤化装的基础。

一、致伤机制

在外力作用下，如跌倒、撞击、摩擦等使皮下毛细血管破裂，血液从毛细血管破裂处渗入皮下，使静脉血回流受阻。血液淤积在扩张的小静脉和毛细血管内导致间质水肿，淤血部位体积增大，淤血组织相对缺氧，皮肤出现青紫。当皮肤受到碰撞时可同时出现表皮层的出血，表现为擦伤。

皮肤红肿、淤青是由皮下出血导致，同时伤口可合并擦伤出现点状出血。若损伤部位在关节处，红肿、淤青可发生在骨隆突周围皮肤。

二、轻伤化装流程

（一）前期准备

1. 人员准备　模拟伤员应具备战创伤救治的能力和基础，必要时可进行相应的伤情培训，尽快熟悉伤情。

2. 材料准备　六色油彩伤效盘、黑色油彩、伤效海绵、液体血浆、三角海绵、调色板、脱脂棉（图3-1）。

3. 环境准备　环境宜安全、安静，空间充足，光线适宜。

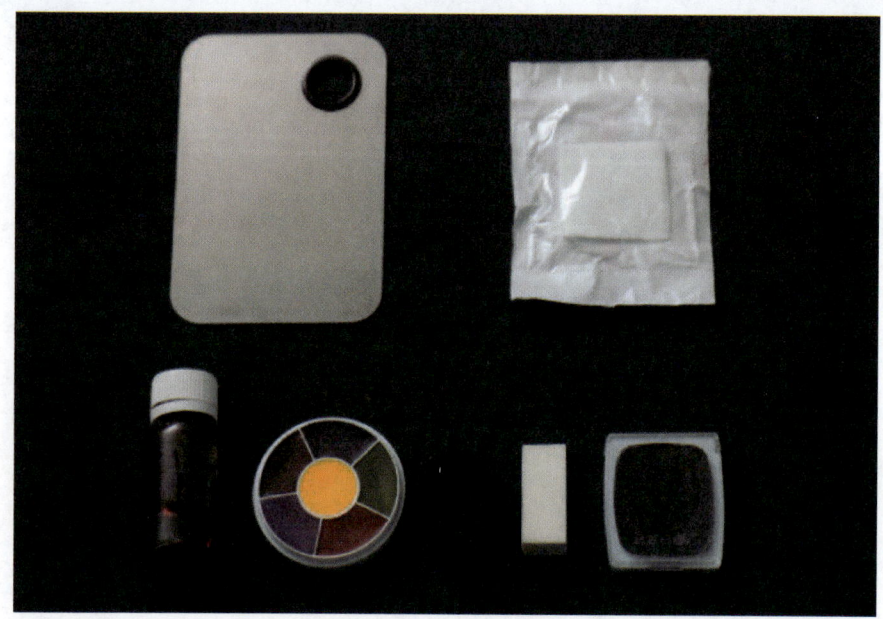

图 3-1 材料准备

（二）化装步骤

轻伤化装流程见图 3-2。

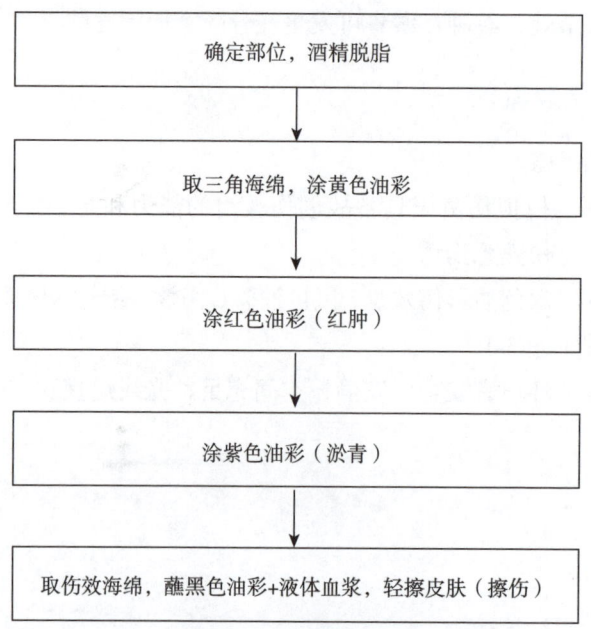

图 3-2 轻伤化装流程

上述步骤如避开骨隆突处则为扭伤效果

1. 红肿

(1) 选择淤青部位,用酒精脱脂,保持皮肤清洁干燥(图3-3)。

(2) 用三角海绵蘸取黄色油彩,在所选择的部位点涂打底,范围可根据具体伤情而定(图3-4)。

(3) 三角海绵蘸取红色油彩,在黄色范围内点涂,点涂范围小于红色范围(图3-5)。

2. 淤青

(1) 淤青与红肿属于同一伤情的不同阶段,淤青化装步骤第一步至第三步同红肿。

(2) 三角海绵蘸取紫色油彩,在红色范围内点涂,点涂范围小于红色范围(图3-6)。

3. 擦伤 擦伤可以是各类伤情的伴随症状,在红肿、淤青的化装步骤完成后,适当添加擦伤效果。

(1) 取伤效海绵蘸取少量黑色油彩(图3-7)。

(2) 取少量液体血浆于调色板上(图3-8)。

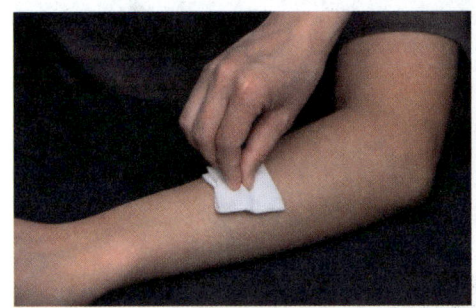

图3-3 酒精脱脂

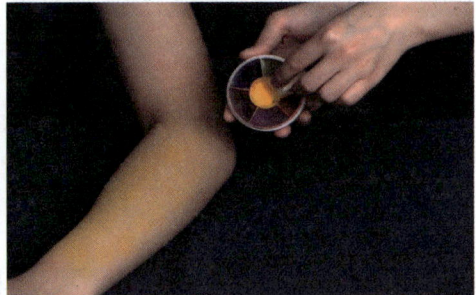

图3-4 涂抹黄色油彩

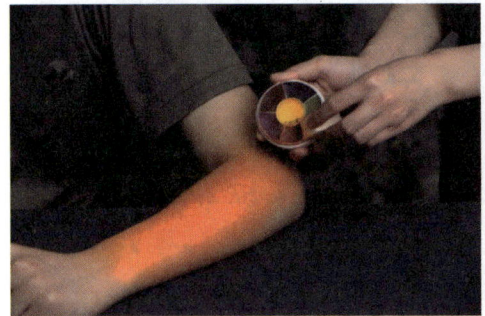

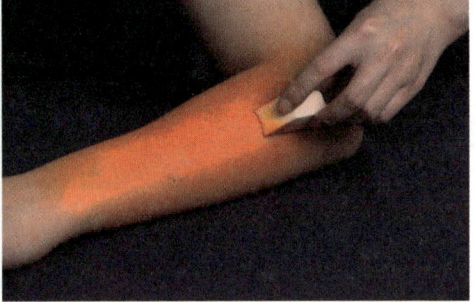

图3-5 涂抹红色油彩

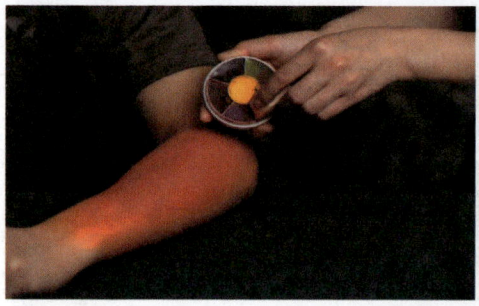 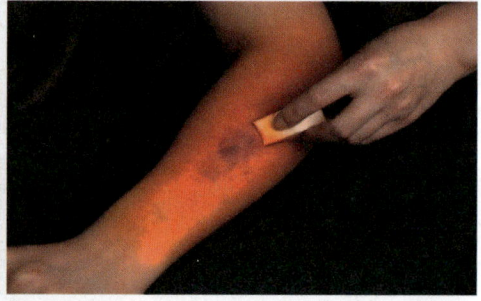

图 3-6　涂抹紫色油彩

图 3-7　蘸取黑色油彩　　　　　图 3-8　取液体血浆

（3）取蘸有黑色油彩的伤效海绵，在调色板上点蘸少量液体血浆（图 3-9）。

（4）在完成红肿、淤青、扭伤的皮肤处沿不同方向涂擦，做出不规则擦伤的自然效果（图 3-10）。

 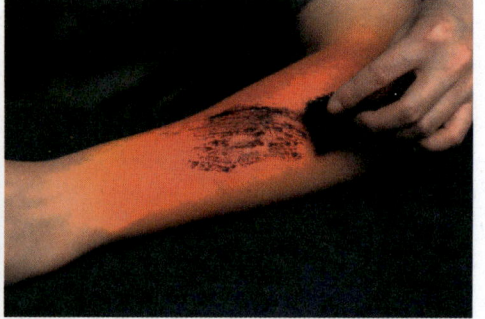

图 3-9　蘸取液体血浆　　　　　图 3-10　在皮肤上涂擦

4. 扭伤

（1）选择扭伤部位，用酒精脱脂，保持皮肤清洁干燥。

（2）用三角海绵蘸取黄色油彩，在选择部位点涂打底，避开骨隆突处，范围可根据具体伤情而定（图3-11）。

（3）用三角海绵蘸取红色油彩，在黄色范围内点涂，避开骨隆突处（图3-12）。

（4）用三角海绵蘸取紫色油彩，在红色范围内点涂，点涂范围小于红色范围，避开骨隆突处（图3-13）。

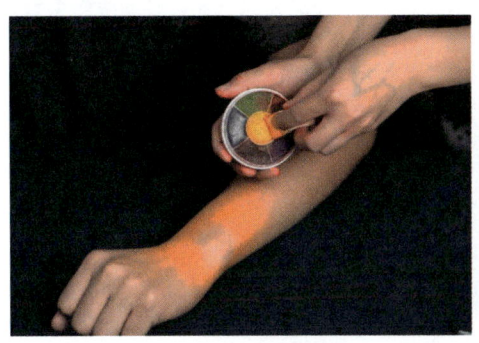

图3-11 涂抹黄色油彩

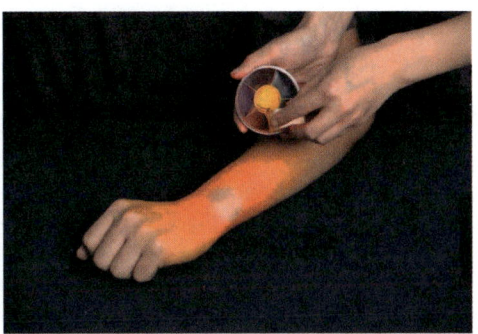

图3-12 涂抹红色油彩

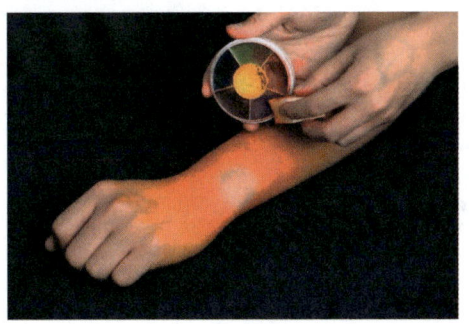

图3-13 涂抹紫色油彩

三、注意事项

1. 模拟伤员的皮肤状况良好，无皮肤及黏膜损伤，对化妆材料不过敏，化装过程能积极配合。

2. 上妆及卸妆过程要小心谨慎，以免化妆材料污染衣物。

3. 涂各色油彩时界线不宜过于分明，应过渡自然。

4. 制作擦伤效果时蘸取黑色油彩应控制好量，不能太多，否则影响擦伤的制作效果。

5. 扭伤部位多为各关节骨隆突处，皮肤可出现不同程度的红肿和淤青。注意所有颜色应避开骨隆突处。

6. 妥善保管化妆材料，以免变质，影响后期使用。

第四章

枪弹伤

枪弹伤是由子弹、炸弹等火药武器对人体造成的伤害,最常见的有枪击伤和爆炸伤两种。

一、致伤机制

1. 直接切割和挤压:枪弹发射对着力点组织切割挤压造成原发伤道,如果被高速、小质量枪弹击中时组织易破碎,形成继发性投射物加重损害,例如牙齿、骨等。

2. 瞬时空腔: 枪弹在组织运行过程中向弹道周围组织传递的动能转化为压力波,压力波推动局部组织,形成了比枪弹直径大 10 ~ 20 倍的空腔。同时,组织因弹性回缩、内压增加、多次脉动后留下永久性狭窄通道。

3. 冲击波:枪弹高速击中组织时会产生冲击波,进而引起伤道远端的中枢和外周神经损伤。

4. 热效应:由于摩擦枪弹动能一部分转换为热效应,可造成着力点组织灼伤。

5. 枪弹伤火力大,穿透力强,对人体的伤害严重,通常会形成圆形或椭圆形创口,伴有灼伤。如果枪弹威力强大,甚至会造成人体组织的炸裂。子弹的速度非常快,可以达到 200 ~ 300m/s。子弹在运动中是旋转的,当击中人体后因阻力突然增大,使弹道左右摇摆,如同搅拌机一样,将器官组织绞碎。因此子弹穿过身体后伤口的出口比入口大。

二、枪弹伤化装流程

(一)前期准备

主要工具材料:肤蜡、延展油、调刀、六色油彩伤效盘、血浆膏、液体血浆、黑色油彩、酒精胶水、伤效海绵、三角海绵、粉底、化妆刷、调色板、油彩笔(图 4-1)。

图 4-1　主要工具材料

（二）化装步骤

枪弹伤化装流程见图 4-2。

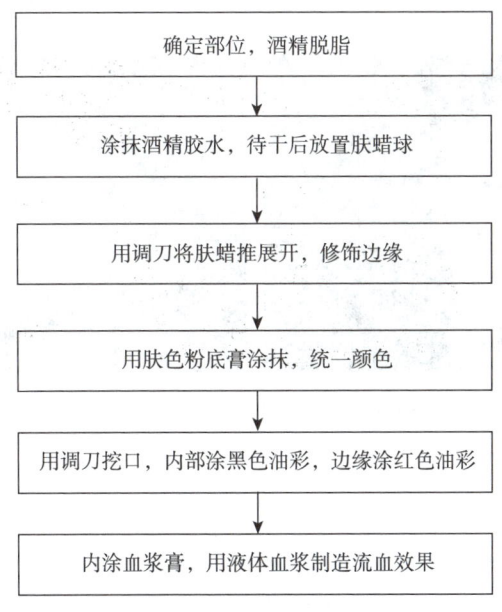

图 4-2　枪弹伤化装流程

1. 确定枪弹伤的部位（避开关节活动区域），用酒精脱脂，保持皮肤清洁干爽（图4-3）。

2. 肤蜡与延展油进行融合，在化妆部位涂抹酒精胶水，待干后放置肤蜡球。酒精胶水的作用是防止肤蜡脱落，尤其是在暑热天气时可防止汗水影响化妆效果（图4-4）。

3. 用调刀将肤蜡推展开，进行表面修饰、按压，使之与周围的皮肤紧密无缝地衔接在一起（图4-5）。

4. 用肤色粉底膏及散粉涂抹、修饰表面，使肤蜡颜色与周围皮肤颜色统一协调（图4-6）。

图4-3　确定部位

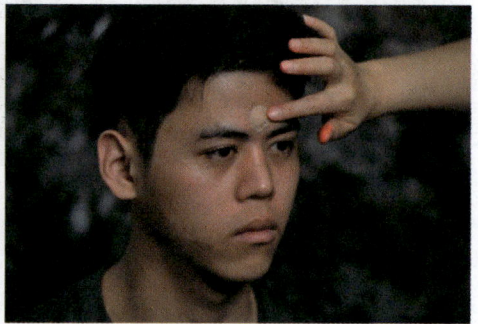

图4-4　肤蜡与延展油融合

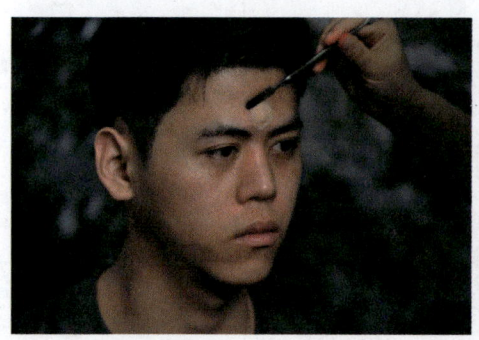

图4-5　将肤蜡推展开

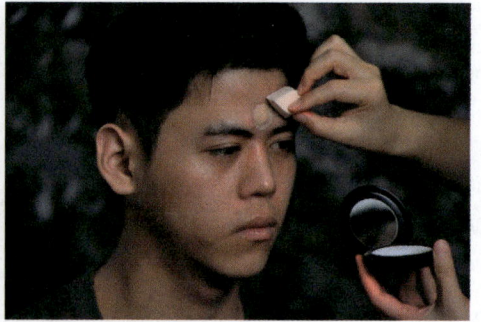

图4-6　肤色粉底膏、散粉装饰表面

5. 用调刀尖部对准肤蜡部位中央，旋转调刀挖出入口，内部用黑色油彩涂黑，边缘用红色油彩涂红（图4-7）。

6. 外口用调刀稍往外抬伸，做出枪弹伤穿透后皮开肉绽的效果，外口周围用红色、紫色做出肿胀的效果，内部涂血浆膏，用伤效海绵蘸取液体血浆掩盖和修饰边缘，最后加液体血浆制造出流血的效果（图4-8）。

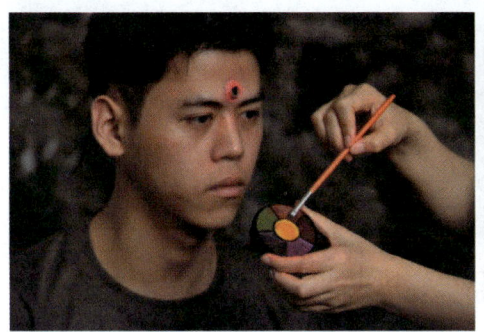 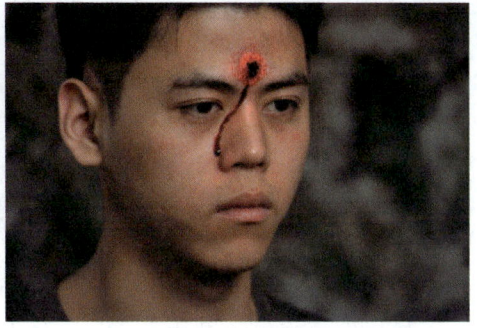

图 4-7　塑形、红色油彩上色　　　　　　　图 4-8　枪伤效果

三、注意事项

1. 酒精胶水涂抹的面积要大，涂抹均匀。
2. 涂抹肤蜡时要均匀，避免在活动关节处使用。
3. 上色时注意颜色过渡要自然。
4. 肤蜡卸妆时应先使用调刀清理，然后使用酒精、卸妆水卸除。

第五章

异物嵌入伤

弹片伤是典型的异物嵌入伤，是火药燃烧、炸药爆炸等化学能在迅速转变为机械能的过程中将弹片向外高速抛射，击中机体时所造成的损伤。

一、致伤机制

高速弹片轻且速度快，在飞行过程中击中组织后弹片较易发生偏航、翻滚，造成严重的组织撕裂，出口较入口大得多，伤口边缘撕裂不整齐。弹片在近或中距离直接击中骨组织时可导致粉碎性骨折，并可使邻近骨干劈裂。损伤特点是损伤广泛、伤道复杂、多处伤和多发伤增多、感染严重。

二、弹片伤化装流程

（一）前期准备

主要工具材料：肤蜡、六色油彩伤效盘、黑色油彩、液体血浆、血浆膏、延展油、凡士林、酒精胶水、黑色脏粉、调色板、调刀、伤效海绵、三角海绵、化妆刷、脱脂棉、模拟弹片、油彩笔（图5-1）。

图 5-1　主要工具材料

（二）化装步骤

弹片伤化装流程见图5-2。

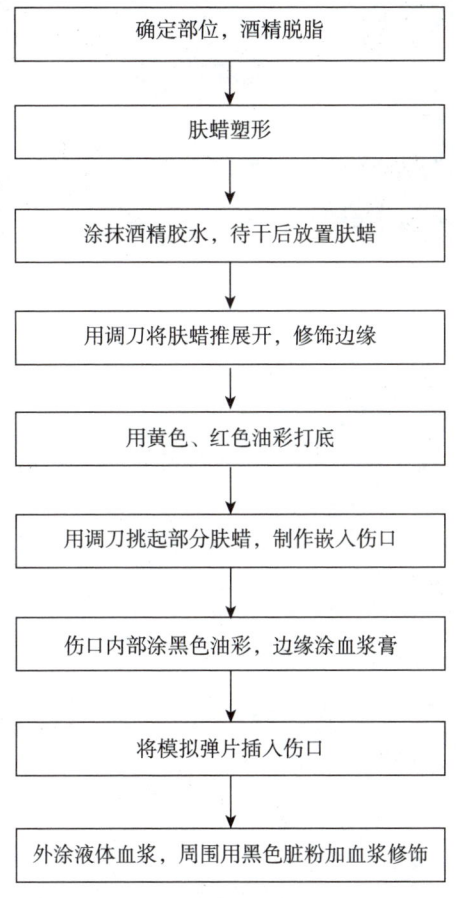

图5-2　弹片伤化装流程

1. 选择部位：用酒精脱脂，保持皮肤清洁干爽（图5-3）。
2. 肤蜡与延展油或凡士林进行融合塑形（图5-4）。
3. 在化妆部位涂抹酒精胶水，待干（图5-5）。
4. 将已塑形的肤蜡放置于化妆部位（图5-6）。
5. 用调刀将肤蜡推展开，进行表面修饰、按压，使之与周围的皮肤紧密无缝地衔接在一起（图5-7）。
6. 用黄色油彩对肤蜡及周围皮肤进行打底（图5-8）。

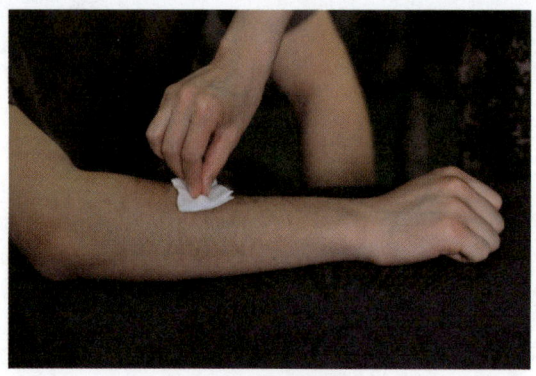

图 5-3　酒精脱脂

图 5-4　肤蜡、延展油融合、塑形

7. 用红色油彩对肤蜡及周围皮肤进行打底，做出红肿效果（图 5-9）。

8. 用调刀挑起部分肤蜡，制作嵌入伤口（图 5-10）。

9. 油彩笔蘸取黑色油彩，将伤口内部涂黑（图 5-11）。

10. 调刀取少量血浆膏，涂在伤口边缘（图 5-12）。

11. 将模拟弹片插入伤口，用调刀取适量血浆膏装饰弹片及伤口边缘（图 5-13）。

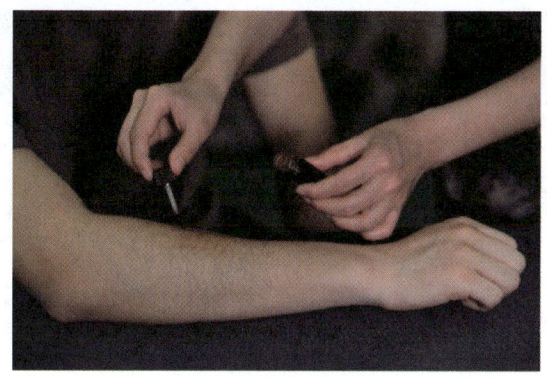

图 5-5　涂抹酒精胶水

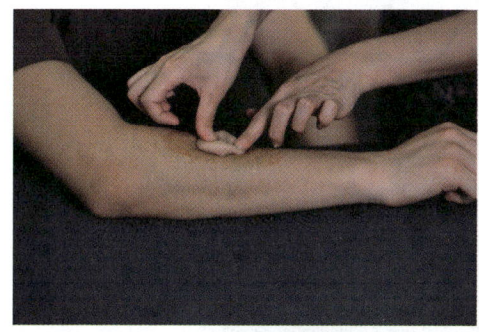

图 5-6　放置肤蜡

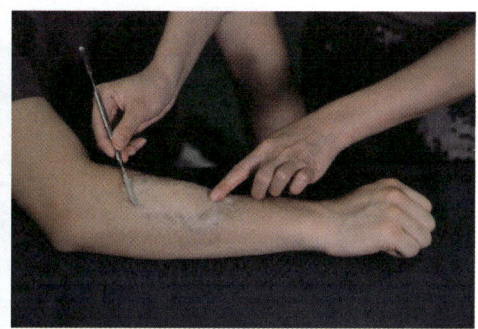

图 5-7　调刀推展肤蜡

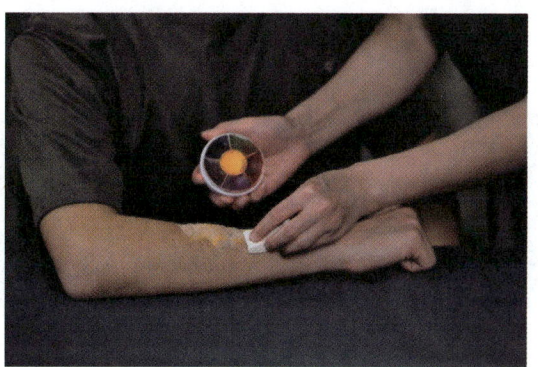

图 5-8　涂抹黄色油彩

12. 取少量液体血浆在调色板上，用化妆刷在伤口及周围皮肤涂液体血浆（图 5-14）。

13. 取少量黑色脏粉于调色板上，用伤效海绵蘸黑色脏粉和液体血浆涂妆面周围进行修饰（图 5-15）。

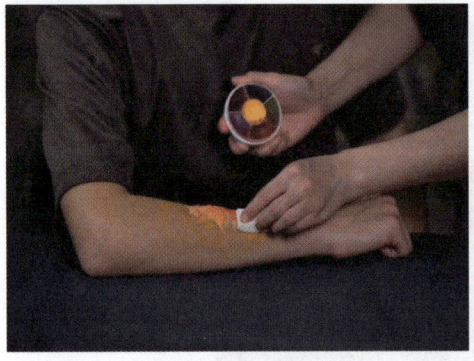
图 5-9　红色油彩打底

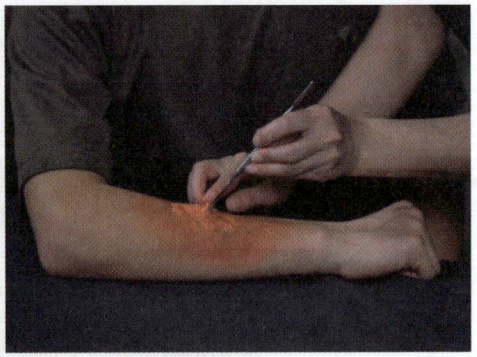
图 5-10　制作嵌入伤口

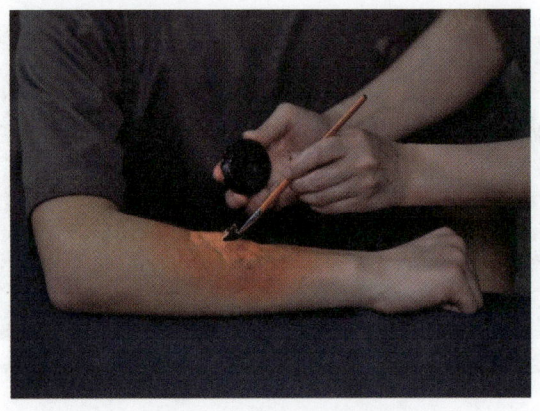
图 5-11　涂抹黑色油彩

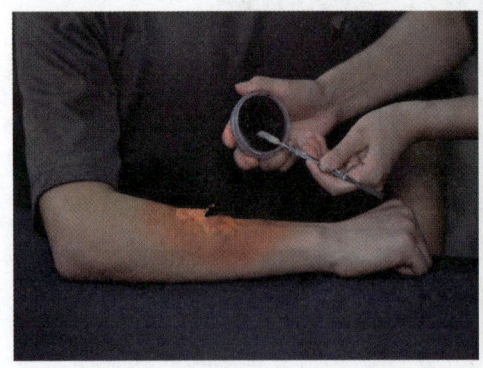
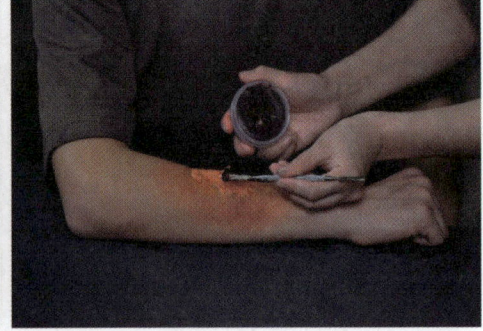
图 5-12　涂抹血浆膏

第五章 异物嵌入伤

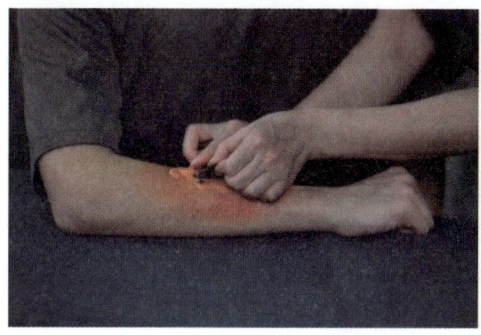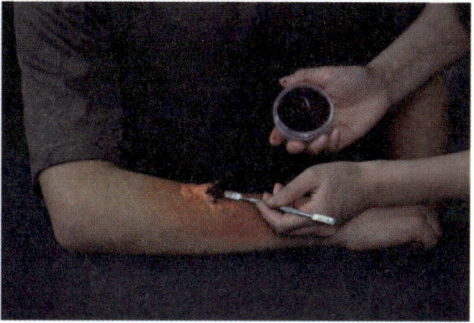

图 5-13　插入模拟弹片

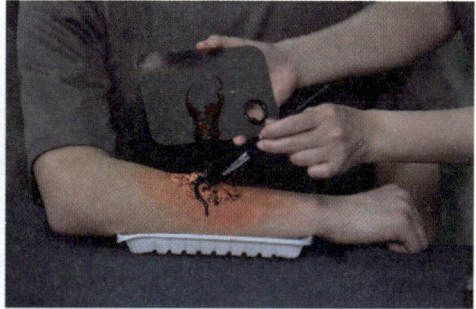

图 5-14　涂抹液体血浆

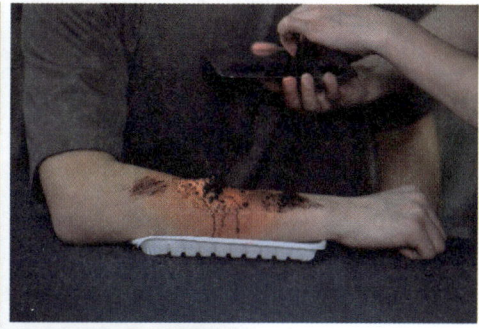

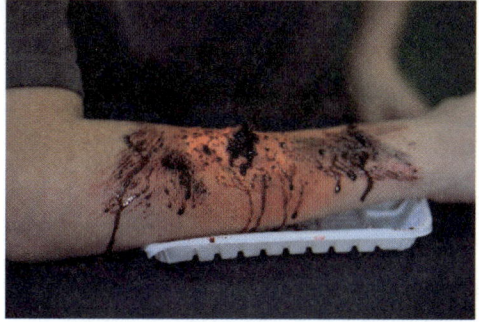

图 5-15　涂抹黑色脏粉、液体血浆后效果

三、注意事项

1. 在手心滴延展油或涂抹凡士林膏可防止肤蜡粘连在手上。

2. 整体效果的渲染能更加突出情景，如在伤口周围涂抹红色油彩、伤员衣服涂抹黑色脏粉、伤员表现的痛苦面容等。

3. 卸妆水卸妆既干净又不伤害肌肤，但是卸妆后皮肤还残留重金属离子、灰尘等，仍需使用洗面奶等来清洁皮肤。

第六章

开放性骨折

开放性骨折是骨折部位皮肤或黏膜破裂，骨折与外界相通，可由直接暴力引起骨折部软组织破裂、肌肉挫伤，也可由间接暴力导致骨折端自内向外刺破肌肉和皮肤，严重者可致肢体功能障碍、残疾，甚至引起生命危险。

典型症状：疼痛、压痛、肿胀、出血、功能障碍。在外伤的作用下，软组织出现水肿，导致患肢肿胀出血，同时皮下组织或肌肉有不同程度的损伤，导致血管破裂出血。由于血红蛋白分解，可见紫色、青色或黄色的皮下瘀斑。

一、致伤机制

（一）切割伤、穿刺伤

多为锐器或骨折断端穿破皮肤造成，创口较整齐，骨折多为单纯横断或斜行，损伤处污染不严重。

（二）绞轧撕裂伤

皮肤、肌肉撕裂或剥脱，创口面积大且不规则，骨折多呈粉碎性，可有皮肤缺损，常合并深部软组织损伤，如肌肉、神经、血管损伤等，并有不同程度的污染。

（三）撞击压砸伤

多见于交通事故，皮肤损伤不规则，深部组织挫伤往往严重，骨折多呈粉碎性，正确判断皮肤损伤范围较困难。

（四）枪弹伤

子弹或弹片所致损伤，损伤程度与其速度和爆炸力强弱相关。

二、开放性骨折化装流程

下面以切割造成上肢前臂开放性骨折为例介绍化装流程。

（一）前期准备

主要工具材料：凡士林、肤蜡、血浆膏、六色油彩伤效盘、液体血浆、乳胶、调刀、调色板、油彩笔、化妆刷、动物骨片、黑色脏粉、脱脂棉、纸巾、伤效海绵、三角海绵、一次性托盘、吹风机（图6-1）。

图6-1 主要工具材料

（二）化装步骤

开放性骨折化装流程见图6-2。

1. 选择一侧上肢前臂部位，汗毛重的需将化装部位进行脱毛处理，用脱脂棉进行脱脂，保持皮肤清洁干爽（图6-3）。

2. 使用化妆刷在伤处均匀涂抹乳胶，放置第一层纸巾，自然铺放，可有皱褶，不宜过于平整，待干，可使用吹风机加快乳胶待干过程（图6-4）。

3. 待第一层纸巾晾干后，在伤处纸巾上均匀涂抹乳胶，放置第二层纸巾，待干（图6-5）。

4. 在第二层纸巾上方伤处再次涂抹乳胶，放置第三层纸巾，待干（图6-6）。

5. 三层纸巾均晾干后，将伤口外围多余的纸巾去除，去除过程不宜粗暴，避免将晾干的纸巾全层揭掉。去除多余纸巾后，可使用乳胶将边缘毛边涂刷平整，为保持桌面的整洁，可使用一次性托盘垫于前臂下（图6-7）。

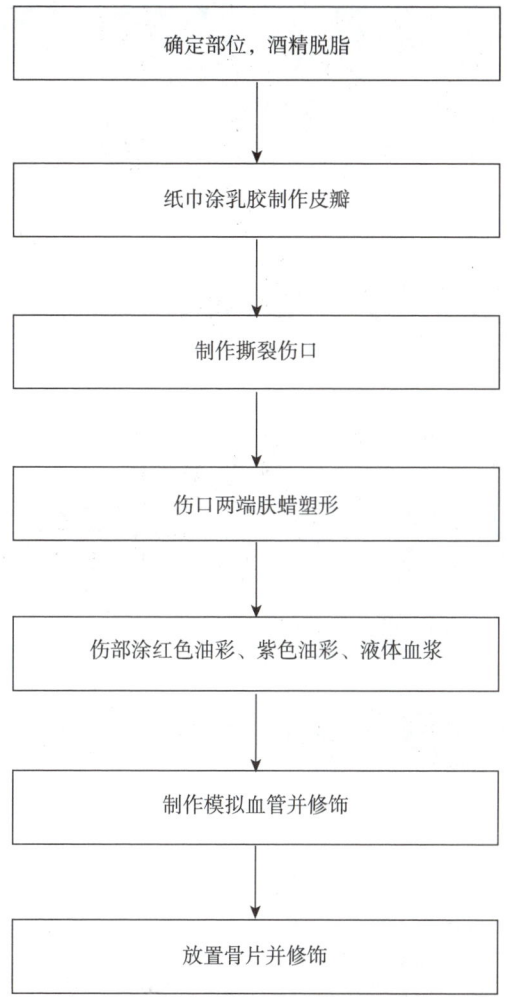

图 6-2　开放性骨折化装流程

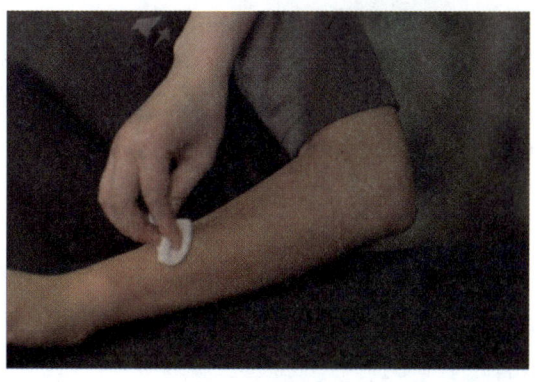

图 6-3　酒精脱脂

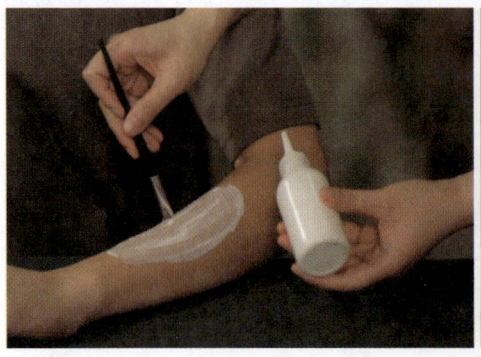
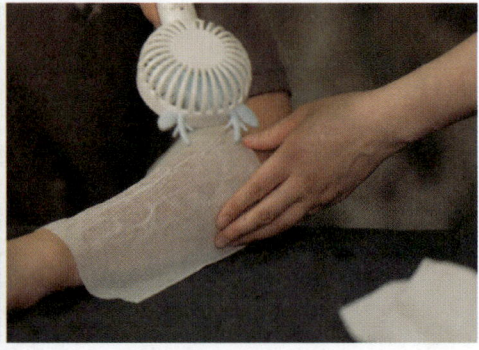

图 6-4 涂抹乳胶、粘贴纸巾、吹风机吹干

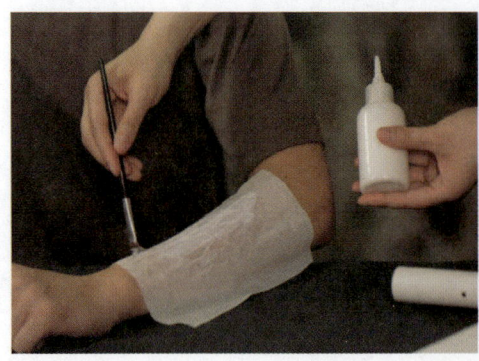
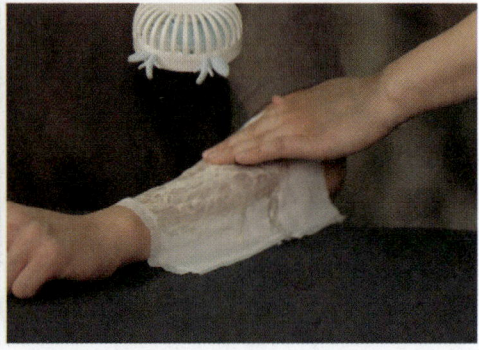

图 6-5 涂抹乳胶，吹风机吹干

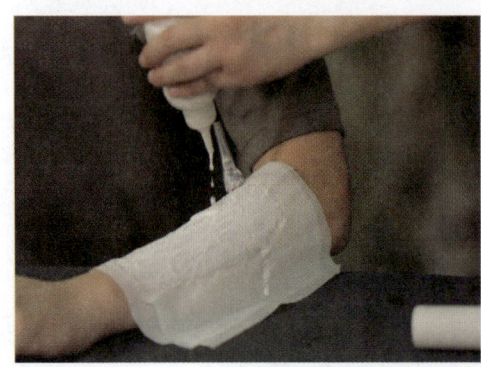
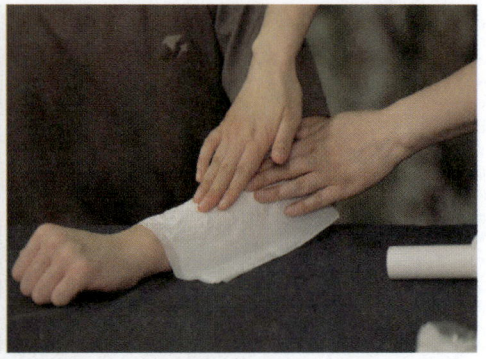

图 6-6 涂抹乳胶

6. 用调刀在晾干的纸巾上挑破一小口，动作轻柔，避免伤到纸巾下方皮肤。双手将挑破的小口缓慢撕开，可不断变换撕裂角度，避免裂口边缘过于整齐（图 6-8）。手指蘸取少许凡士林，涂抹掌心及手指，用调刀蘸取少许凡士林，取少量肤蜡分别放置于裂口的近心端和远心端塑形。

第六章 开放性骨折

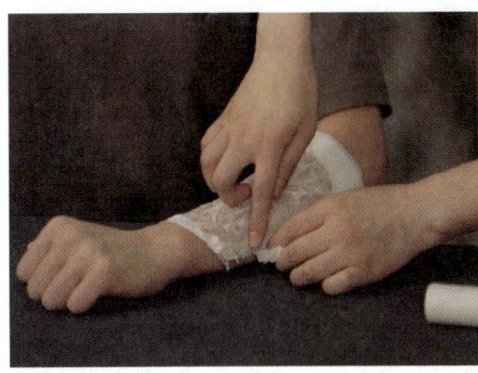
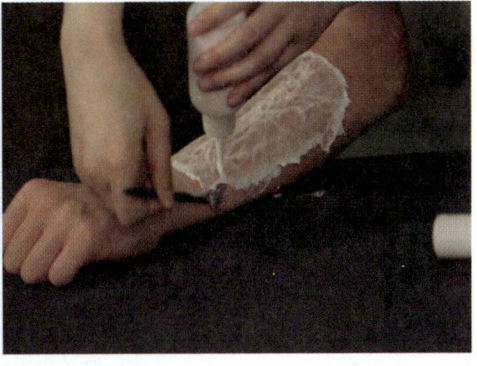

图 6-7 去除纸巾多余部分、乳胶融合边缘

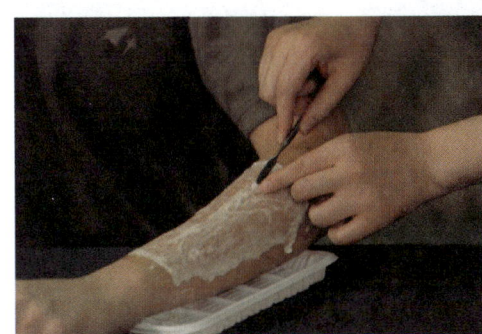
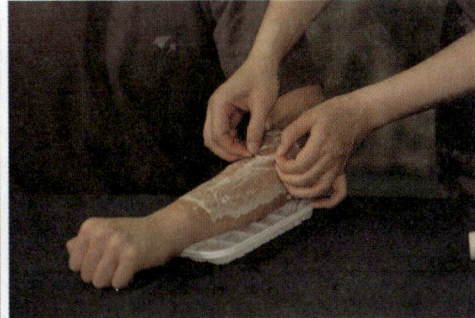

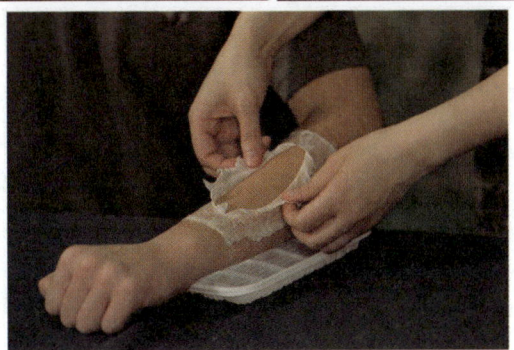

图 6-8 调刀制作撕裂伤口

7.用调刀将肤蜡与皮肤接触边缘抹平，避免肤蜡与皮肤接触边缘卷边。使用调刀塑形肤蜡时，若调刀与肤蜡粘连，可用纸巾擦掉肤蜡，在调刀表面涂抹凡士林可有效避免上述情况（图6-9）。

8.使用三角海绵蘸取六色油彩伤效盘的红色油彩，将纸巾和裂口内皮肤含肤蜡部分全部涂红，涂抹时避免遗漏撕裂的皮瓣反折处。在伤口外围皮肤处可

33

叠加紫色油彩，效果更佳。上色后使用化妆刷在伤口及周围刷一层液体血浆（图6-10）。

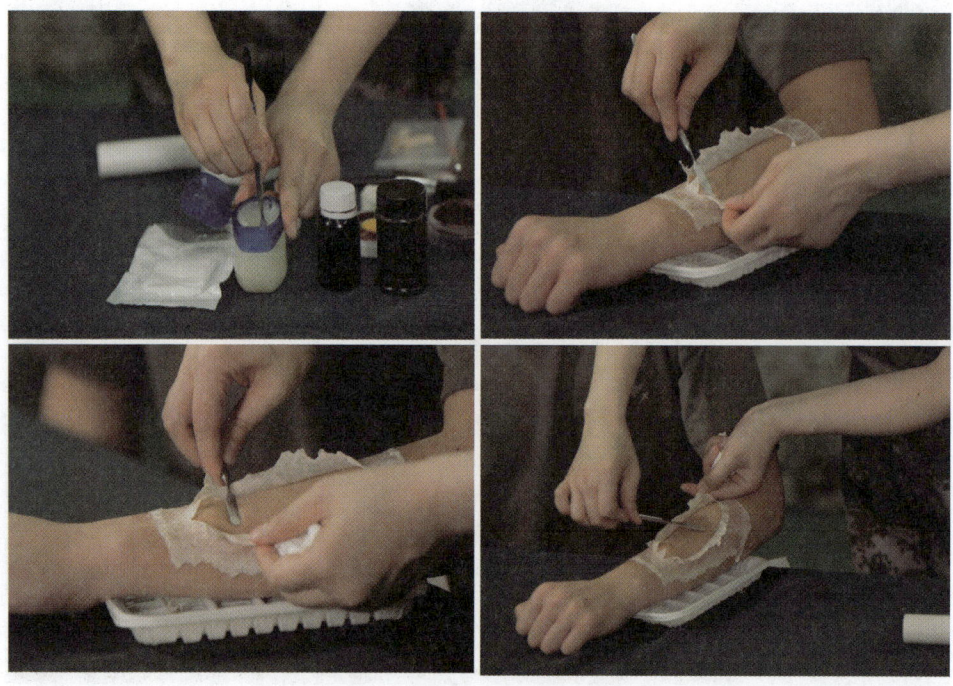

图6-9　涂抹凡士林，取肤蜡塑形

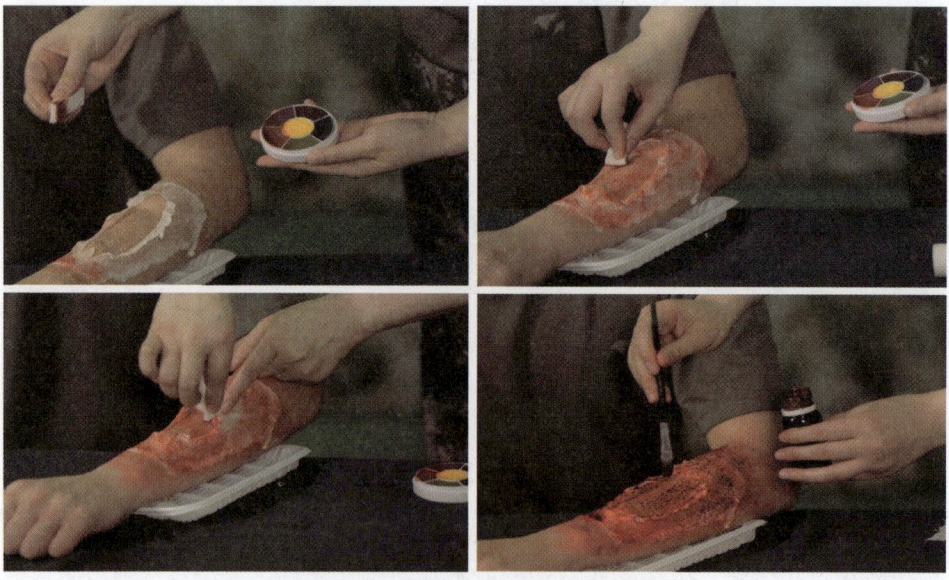

图6-10　涂抹红色油彩、液体血浆

9. 取一层纸巾搓卷，根据伤口大小取 2～3 段，模拟血管，纸巾卷表面涂抹乳胶固定于伤口内。在纸卷表面涂抹液体血浆，直到白色纸卷显示为血浆的红色。用血浆膏在模拟血管周围做出出血点、血块凝固的效果（图 6-11）。

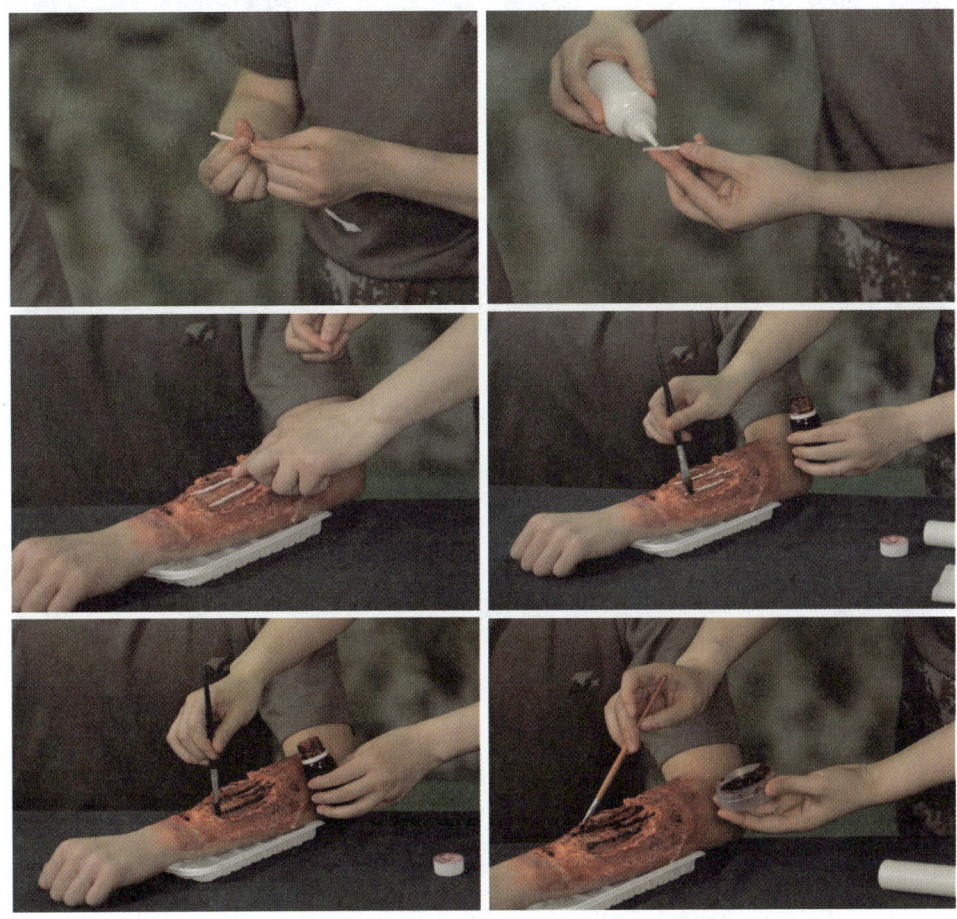

图 6-11　乳胶固定后条状纸巾放置于伤口，涂抹液体血浆、血浆膏

10. 在肤蜡处插入大小合适的骨片，将骨片尖端抹平，避免伤到皮肤。在骨片处涂抹液体血浆，点缀血浆膏。骨片处避免涂抹过多液体血浆及血浆膏，以能显露骨片的黄白色为准。使用伤效海绵在伤口外围涂抹液体血浆，在伤口处倾倒少量液体血浆，量的多少以液体血浆能自动流出为宜（图 6-12）。也可用黑色脏粉轻撒于伤口周围或伤员衣物上，渲染效果。

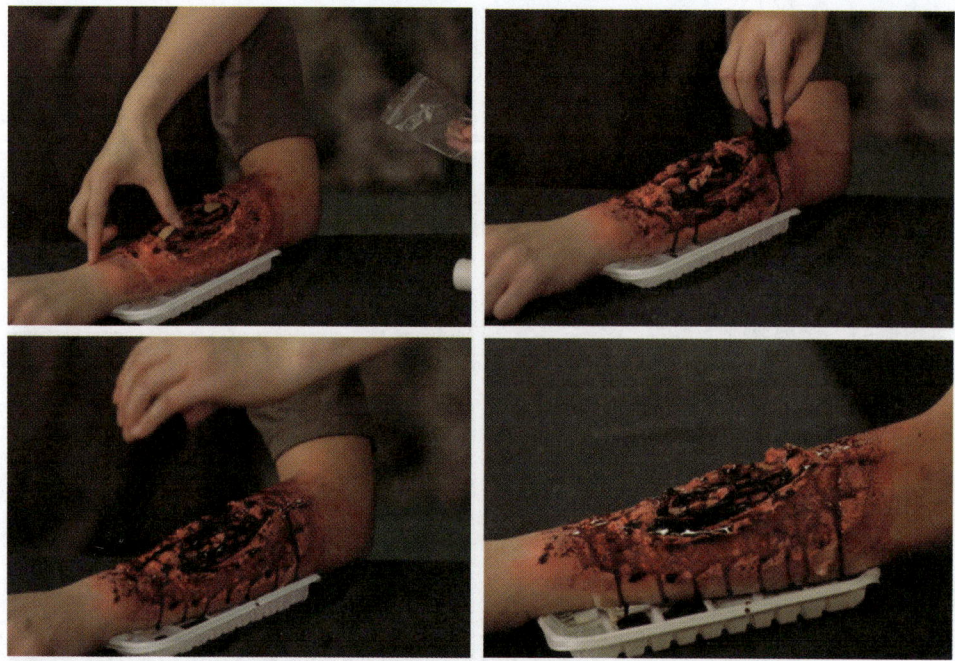

图 6-12　放置骨片，涂抹液体血浆、血浆膏

三、注意事项

1.涂抹乳胶后放置纸巾时不宜过于平整，尽量有皱褶。一定要在乳胶晾干后再涂抹下一层乳胶。

2.双手撕裂纸巾制作撕裂伤效果时，需不断变换撕裂角度，不要使伤口边缘的皮瓣过于整齐。

3.使用肤蜡塑形时，凡士林可有效避免调刀和双手与肤蜡粘连。肤蜡与皮肤接触边缘要自然过渡，不能有卷边。

4.伤口及周围使用红色油彩后，在伤口外围叠加紫色油彩可凸显效果。

5.骨片上不宜涂抹过多的液体血浆及血浆膏。

第七章 烫　伤

烫伤是由高温的固体、液体或气体伤及皮肤后引起的损伤。烫伤一般分为Ⅰ度烫伤、Ⅱ度烫伤、Ⅲ度烫伤。

一、致伤机制

皮肤受高热后，组织内蛋白发生凝固导致细胞坏死。局部反应根据物体的温度、接触的时间及受伤皮肤薄厚而不同。一般皮肤与70℃物体接触1秒即发生水疱，严重烫伤者可出现休克。烫伤后早期出现休克多由于疼痛和精神刺激引起，一般为暂时性；而继发性休克是因为毛细血管渗出增加，使组织水肿和创面大量渗液、血浆损耗、血液浓缩和循环血量减少，继而出现组织缺氧、血压下降、脉搏低弱、低血钠与酸中毒、少尿或无尿等。烫伤后6～8小时液体渗出最快，并在36～48小时达到最高峰，通常超过淋巴回流的能力，以后逐渐减慢。

二、烫伤分类

（一）Ⅰ度烫伤

Ⅰ度烫伤只损伤皮肤表层，局部会出现轻度红肿，无水疱，而疼痛感和灼热感明显，可有暂时性的色素沉着，一般不会留有瘢痕。

（二）Ⅱ度烫伤

Ⅱ度烫伤属于真皮损伤，局部有红肿疼痛，有渗液较多且大小不等的水疱，创面湿润，创面底部鲜红、肿痛。

（三）Ⅲ度烫伤

Ⅲ度烫伤是皮下脂肪、肌肉、骨骼都有损伤，受损部位呈灰色或红褐色，无疼痛，无水疱。创面皮肤功能丧失，质地坚韧如皮革。愈后留有瘢痕，且伴有畸形。

三、烫伤化装流程

（一）Ⅰ度烫伤

1. 前期准备

（1）对所要化装的伤情有初步了解和规划布局，选取操作部位，观察所要制作伤口的部位皮肤颜色、毛发情况。

（2）主要工具材料：凡士林、乳胶、六色油彩伤效盘、定妆粉、吹风机、三角海绵、调刀、调色板、化妆刷（图7-1）。

2. 化装步骤　见图7-2。

（1）确定烫伤的部位，用酒精脱脂，保持皮肤清洁干爽（图7-3）。

（2）根据伤情取适量乳胶在调色板上（图7-4）。

（3）涂抹乳胶，吹干后用调刀塑形并进行叠加涂抹，待乳胶干透后，用定妆粉定妆（图7-5）。

（4）用三角海绵或化妆刷蘸取红色油彩涂抹（图7-6）。

（5）红色油彩涂抹修整（图7-7）。

（6）凡士林涂抹创面，营造皮肤透亮效果（图7-8）。

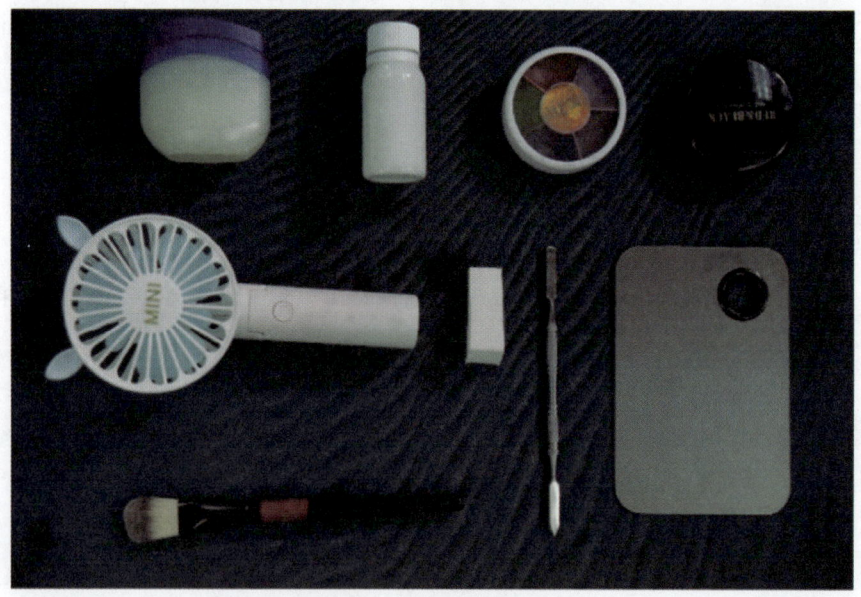

图7-1　主要工具材料

第七章 烫 伤

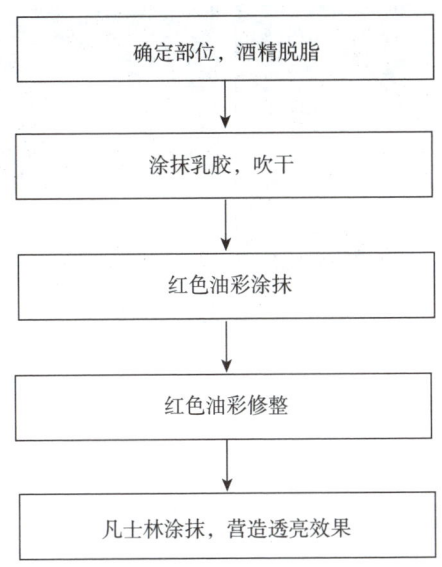

图 7-2 Ⅰ度烫伤化装流程

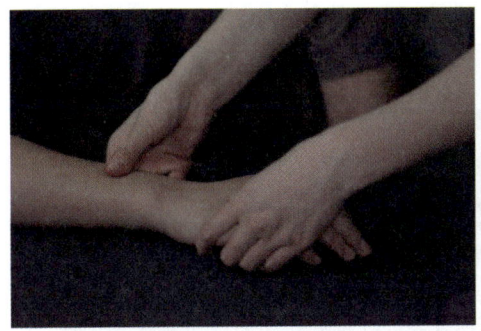

图 7-3 确定部位

图 7-4 取适量乳胶

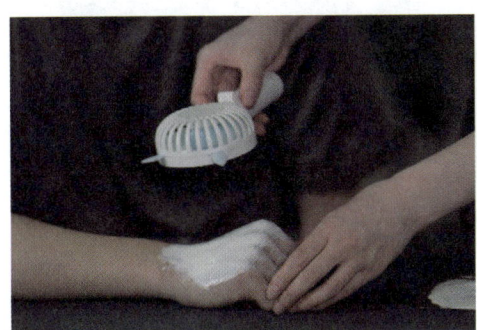

图 7-5 涂抹乳胶，吹风机吹干

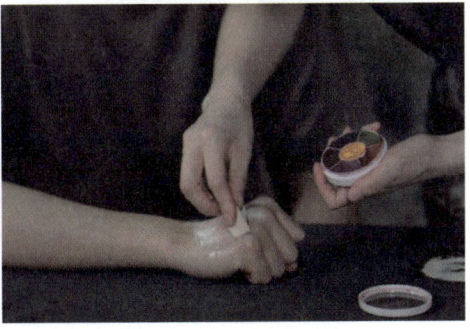

图 7-6 涂抹红色油彩

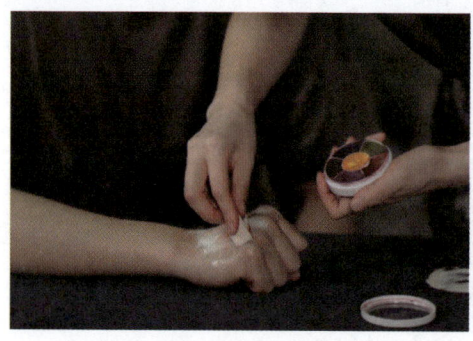
图7-7 红色油彩修整

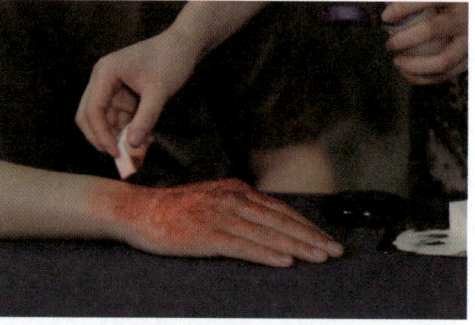
图7-8 涂抹凡士林

（二）Ⅱ度烫伤

1. 前期准备

（1）对化装的伤情有初步了解和规划布局，选取操作部位，观察所要制作伤口的部位皮肤颜色、毛发情况。

（2）主要工具材料：化妆刷、三角海绵、调刀、调色板、吹风机、血浆膏、六色油彩伤效盘、液体血浆、肉色凝胶、血色凝胶（图7-9）。

2. 化装步骤　见图7-10。

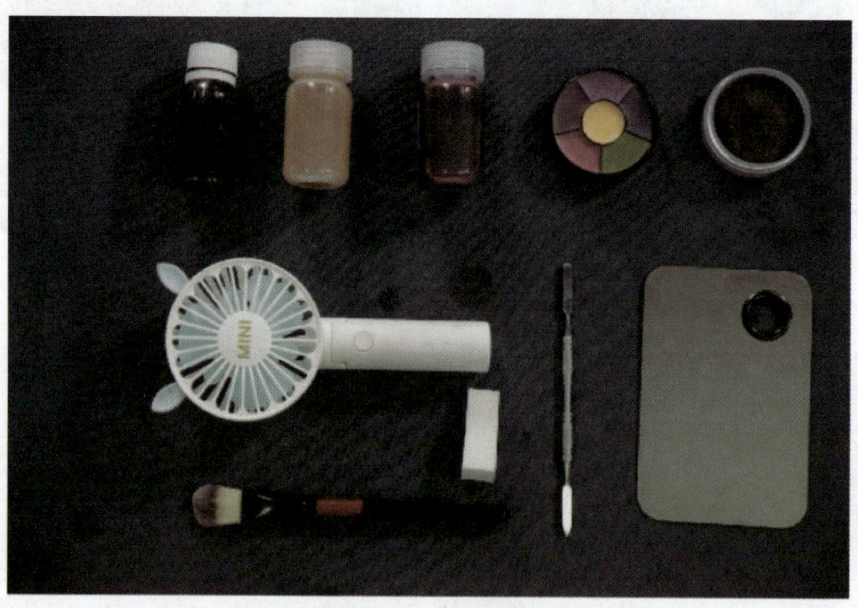
图7-9 主要工具材料

第七章 烫 伤

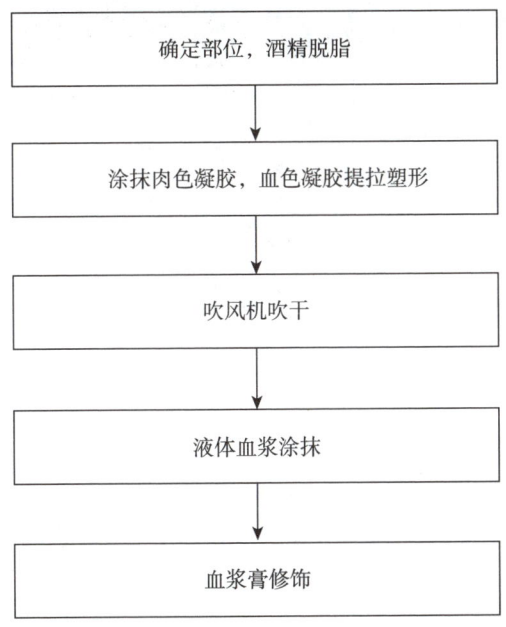

图7-10 Ⅱ度烫伤化装流程

（1）确定烫伤的部位，用酒精脱脂，保持皮肤清洁干爽（图7-11）。

（2）将适量肉色凝胶及血色凝胶混匀倒在调色板上，用化妆刷蘸取涂抹目标位置（图7-12）。

（3）涂抹完毕，用调刀提拉乳胶表面，营造凹凸感（图7-13）。

（4）用吹风机吹干（图7-14）。

（5）用液体血浆表面涂抹（图7-15）。

（6）待干后，用三角海绵蘸取红色油彩打底。用化妆刷蘸取血浆膏及液体血浆点涂修饰（图7-16）。

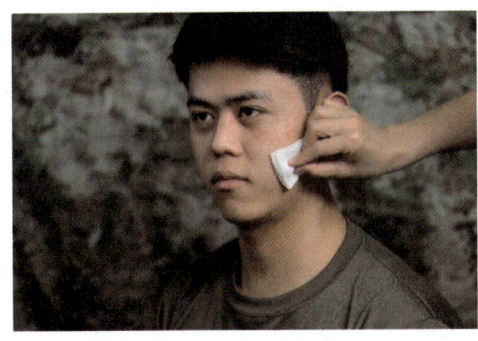

图7-11 酒精脱脂

图7-12 取适量肉色凝胶

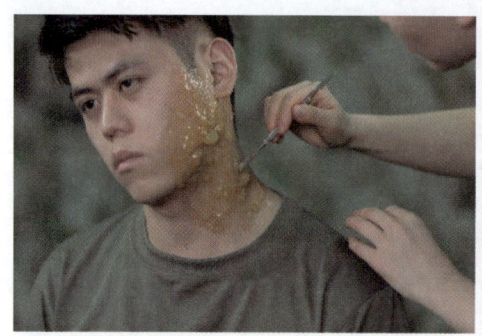

图 7-13 塑形凝胶

图 7-14 吹干凝胶

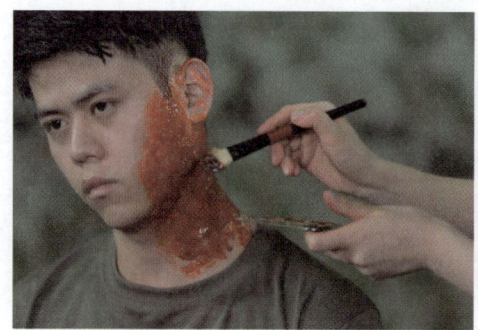

图 7-15 涂抹液体血浆

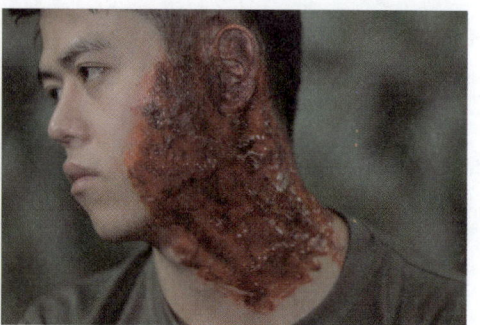

图 7-16 Ⅱ度烫伤效果

四、注意事项

1. 肉色凝胶与血色凝胶混匀均匀涂抹，避免局部过厚影响整体效果。
2. 肉色凝胶、血色凝胶使用前需用热水浸泡。
3. 用专用卸妆油卸妆，避免随意撕拉导致皮肤受损。

第八章

烧 伤

烧伤是由热力（如火焰、热液、热蒸汽、热金属等）、化学物质（如酸、碱、磷等），以及电流、放射线、激光等所造成的组织损害。根据严重程度分为轻度烧伤、中度烧伤、重度烧伤、特重烧伤。国际上根据损伤深度可分为Ⅰ度烧伤、Ⅱ度烧伤（浅Ⅱ度烧伤、深Ⅱ度烧伤）、Ⅲ度烧伤。

一、致伤机制

烧伤的致伤因素主要是蒸汽、热液、火焰、高温气体、炽热金属等。热损伤的致伤机制包括多种同时发生的病理生理过程，如细胞蛋白质的变性、凝固和酶的失活，前列腺素、激肽、5-羟色胺、组胺、氧基、脂质过氧化物等化学介质的释放导致毛细血管通透性增加和水肿，大面积烧伤损害吞噬细胞的吞噬作用和T细胞引起免疫抑制，血液供应的减少可导致相对缺氧和休克。

二、烧伤分类

（一）Ⅰ度烧伤

仅伤及表皮—角质层、透明层、颗粒层或伤及棘状层，但生发层健在。局部发红，微肿、灼痛、无水疱。3～5天痊愈、脱细屑、不留瘢痕。

（二）Ⅱ度烧伤

1. 浅Ⅱ度　损伤部分生发层或真皮乳头层。伤区红、肿、剧痛，出现水疱或表皮与真皮分离，内含血浆样黄色液体，水疱去除后创面鲜红、湿润、疼痛更剧、渗出液多。如无感染8～14天愈合，愈合后短期内可见瘢痕或色素沉着，但不留瘢痕。

2. 深Ⅱ度　除表皮、全部真皮乳头层损伤外，真皮网状层部分受累，位于真皮深层的毛囊及汗腺尚有活力。水疱破裂或去除腐皮后创面呈白中透红，红白相间或可见细小栓塞的血管网、创面渗出液多、水肿明显，痛觉迟钝，拔毛试验微痛。创面愈合需经过坏死组织清除、脱落或痂皮下愈合的过程。有残存的毛囊，汗腺上皮细胞逐步生长使创面上皮化，一般需要18～24天愈合，可遗留瘢痕增生及挛缩畸形。

（三）Ⅲ度烧伤

Ⅲ度烧伤又称焦痂性烧伤。皮肤表皮及真皮全程被损伤，深达皮下组织，甚至肌肉、骨骼也被损伤。创面上形成的一层坏死组织称为焦痂，呈苍白色，黄白色、焦黄或焦黑色，干燥坚硬的焦痂可呈皮革样，可见皮下静脉网呈树枝状，创面痛觉消失，烧伤的Ⅲ度创面可呈苍白而潮湿。在伤后2～4周焦痂溶解脱落、形成肉芽创面，面积较大的多需植皮方可愈合，且常遗留瘢痕挛缩畸形。

三、烧伤化装流程

（一）Ⅰ度烧伤

1. 前期准备

（1）对所要化装的伤情有初步了解和规划布局，选取操作部位，观察所要制作伤口的部位皮肤颜色、毛发情况。

（2）主要工具材料：六色油彩伤效盘、三角海绵、伤效海绵、透明凝胶、黑色油彩或黑色脏粉、吹风机、调刀、调色板（图8-1）。

2. 化装步骤　见图8-2。

（1）确定烧伤的部位，酒精脱脂，保持皮肤清洁干爽。

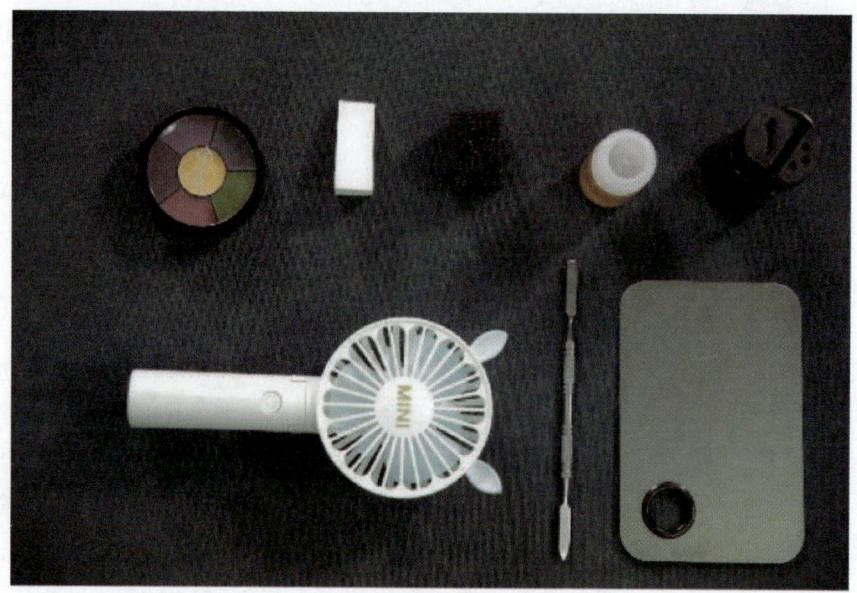

图8-1　主要工具材料

（2）三角海绵蘸取红色油彩涂抹选中区域（图8-3）。

（3）伤效海绵蘸取黑色油彩或黑色脏粉点涂选中区域，营造烟熏后效果（图8-4）。

（4）三角海绵蘸取鲜红色油彩进行晕染（图8-5）。

（5）伤效海绵蘸取黑色油彩或黑色脏粉涂抹烧伤部位（图8-6）。

（6）用调刀蘸取透明凝胶，在创面形成液滴状，制造水疱效果（图8-7）。

（7）吹风机吹干后呈现轻度烧伤样（图8-8）。

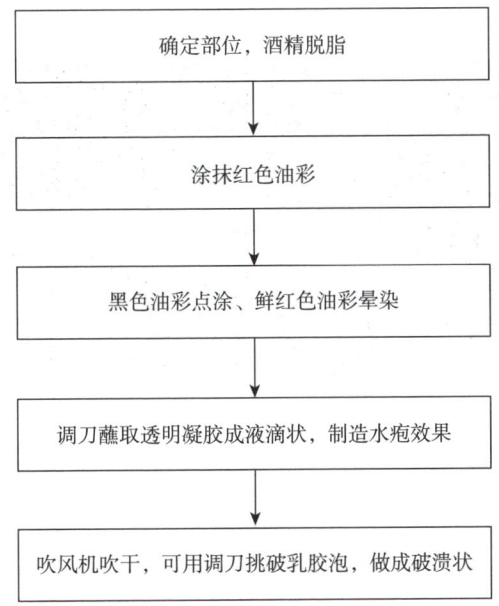

图8-2　Ⅰ度烧伤化装流程

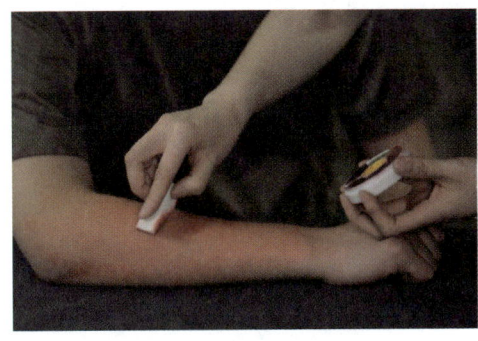

图8-3　涂抹红色油彩

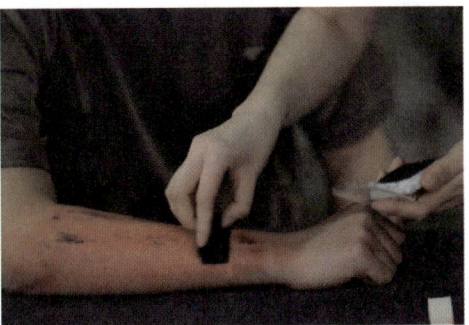

图8-4　涂抹黑色油彩

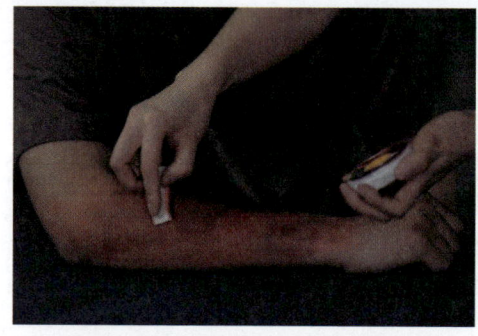
图 8-5　鲜红色油彩晕染

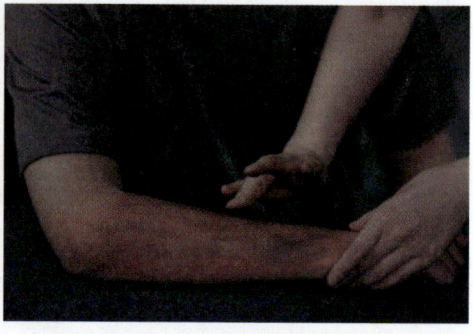
图 8-6　涂抹黑色脏粉

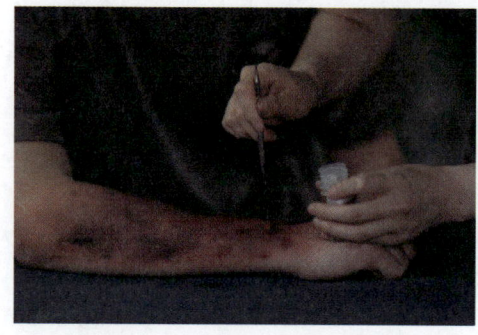
图 8-7　透明凝胶制作水疱

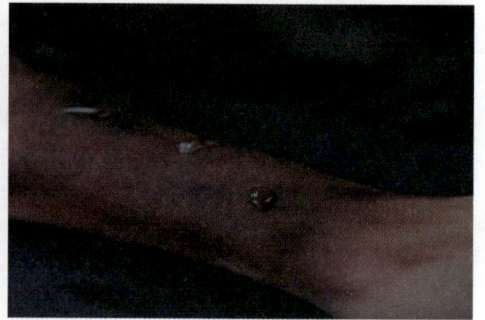
图 8-8　Ⅰ度烧伤水疱效果

（二）Ⅱ度烧伤

1.前期准备

（1）对所要化装的伤情有初步了解和规划布局，选取操作部位，观察所要制作伤口的部位皮肤颜色、毛发情况。

（2）主要工具材料：乳胶、六色油彩伤效盘、吹风机、黑色油彩或黑色脏粉、凡士林、伤效海绵、三角海绵、调色板、透明凝胶、调刀、化妆刷（图8-9）。

2.化装步骤　见图8-10。

（1）确定烧伤的部位，酒精脱脂，保持皮肤清洁干爽（图8-11）。

（2）在目标位置用乳胶叠加涂抹两层（图8-12）。

（3）吹风机吹干后用红色油彩涂抹创面（图8-13）。

（4）黑色油彩或黑色脏粉点涂创面（图8-14）。

（5）用调刀在乳胶上做出若干圆形创面，创面内部先涂抹黄色油彩再涂抹红色油彩（图8-15）。

（6）用调刀、化妆刷蘸取凡士林涂抹圆形创面，并用黑色油彩修饰边缘（图8-16）。

第八章 烧 伤

图 8-9 主要工具材料

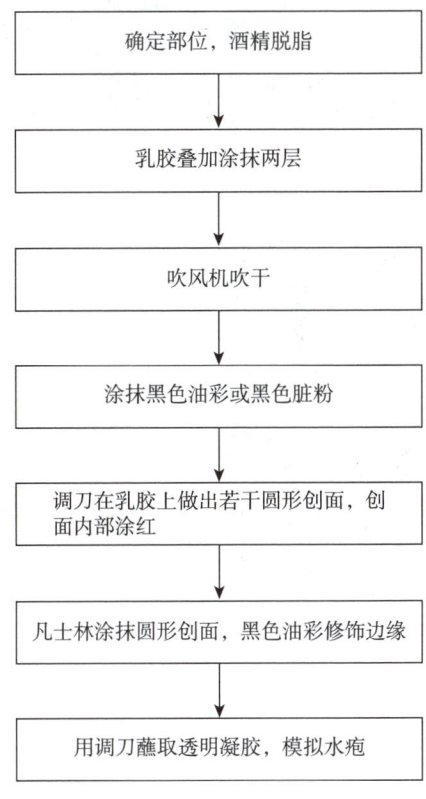

图 8-10 Ⅱ度烧伤化装流程

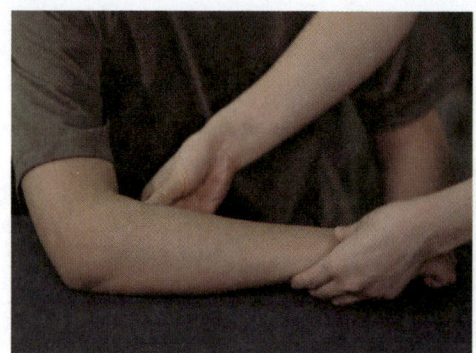

图 8-11　确定部位

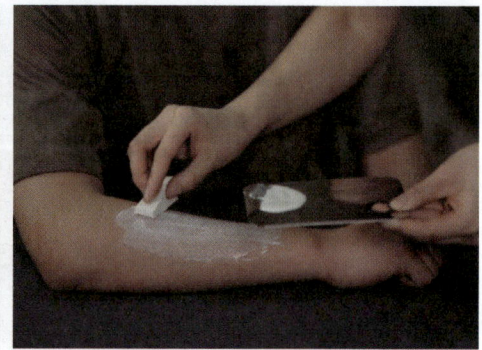

图 8-12　涂抹乳胶

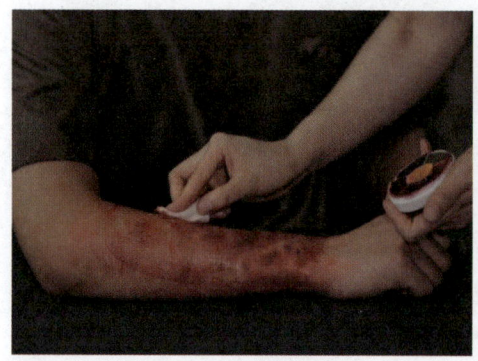

图 8-13　红色油彩上色

图 8-14　涂抹黑色油彩

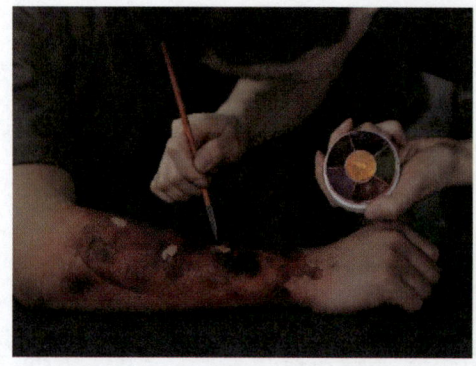

图 8-15　涂抹黄色油彩，做破口

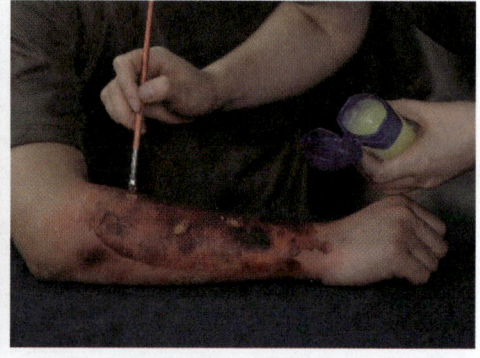

图 8-16　涂抹凡士林

（7）用调刀蘸取透明凝胶模拟水疱（图 8-17）。

（8）Ⅱ度烧伤呈现（图 8-18）。

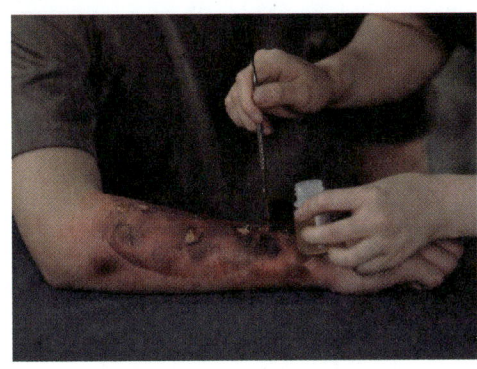 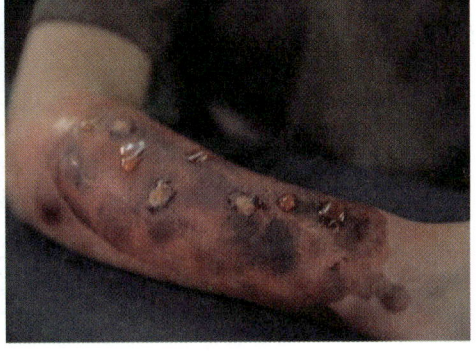

图 8-17 透明凝胶做水疱　　　　图 8-18　Ⅱ度烧伤效果

(三) 重度烧伤

1.前期准备

(1) 对所要化装的伤情有初步了解和规划布局, 选取操作部位, 观察所要制作伤口的部位皮肤颜色、毛发情况。

(2) 主要工具材料: 六色油彩伤效盘、粉底、透明凝胶、液体血浆、乳胶、黑色脏粉、凡士林、吹风机、脱脂棉、伤效海绵、三角海绵、调刀、调色板、纸巾、黑色油彩、化妆刷 (图 8-19)。

图 8-19　主要工具材料

2. 化装步骤　见图8-20。

（1）确定烧伤的部位，酒精脱脂，保持皮肤清洁干爽（图8-21）。

（2）用三角海绵蘸取定妆粉定妆，蘸取红色油彩打底，化妆刷蘸取乳胶均匀涂抹，待干（图8-22）。

（3）化妆刷蘸取黑色油彩或黑色脏粉在眼周晕染（图8-23）。

（4）用剪刀将纸巾剪成不规则条状，边涂边放纸巾，做出皱褶（图8-24）。

（5）吹风机吹干，用调刀将纸巾和乳胶提拉起来，做出撕裂的效果（图8-25）。

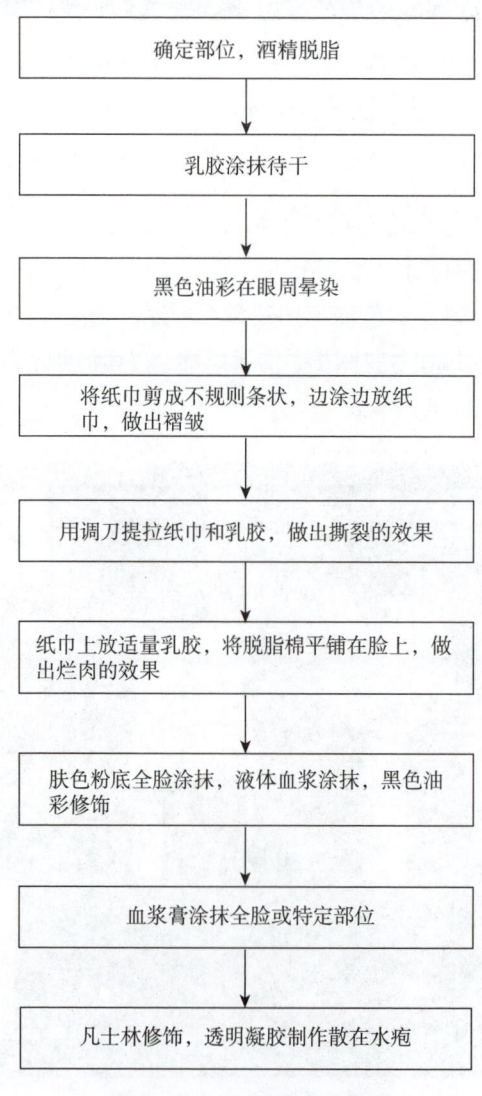

图8-20　重度烧伤化装流程

（6）再次用化妆刷在纸巾上放适量乳胶，将准备好的脱脂棉平铺在脸上，做出烂肉的效果（图8-26）。

（7）三角海绵蘸取肤色粉底涂抹全脸（图8-27）。

（8）伤效海绵蘸取液体血浆涂抹脸部，化妆刷再次蘸取黑色油彩涂抹眼周、鼻孔、发际线等部位，与脸部妆容融合（图8-28）。

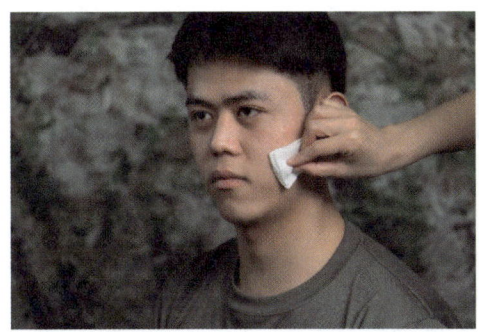

图8-21　酒精脱脂

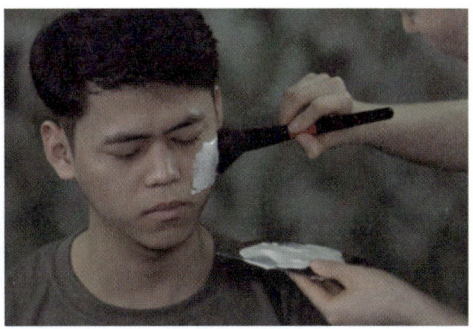

图8-22　涂抹乳胶

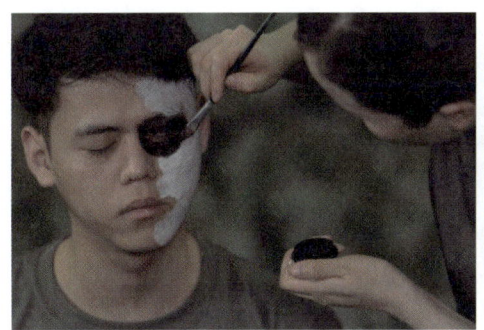

图8-23　涂抹黑色油彩

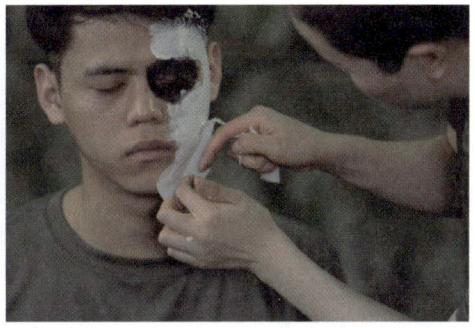

图8-24　放置纸巾

图8-25　做出破口

图8-26　脱脂棉做出腐肉

(9)蘸取黑色油彩或黑色脏粉适量涂抹脸部,增加烧焦的视觉效果(图 8-29)。

(10)三角海绵蘸取液体血浆、血浆膏对全脸或特定部位进行涂抹(图 8-30)。

(11)凡士林修饰,增加伤口效果(图 8-31)。

(12)用透明凝胶制作散在水疱(图 8-32)。

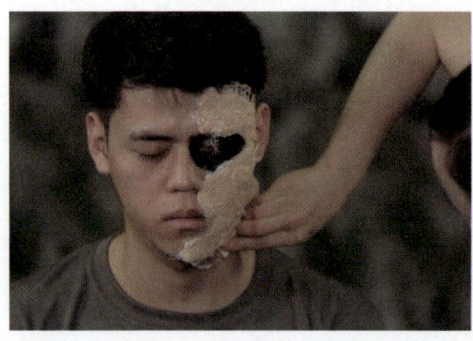

图 8-27　肤色粉底打底

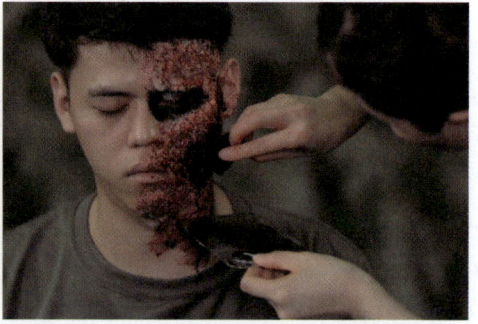

图 8-28　涂抹液体血浆

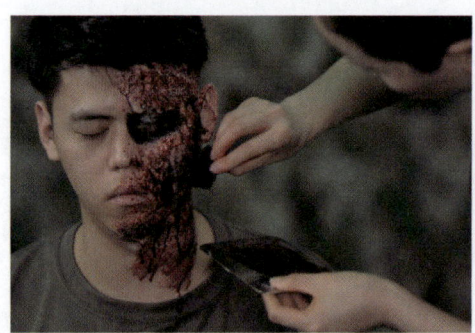

图 8-29　涂抹黑色油彩

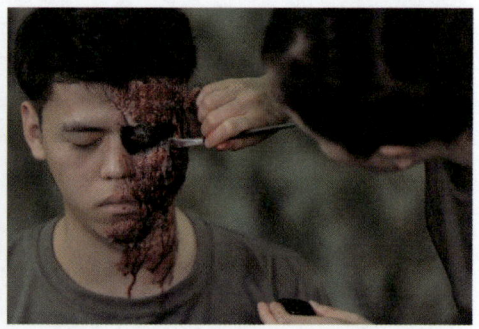

图 8-30　涂抹液体血浆、血浆膏

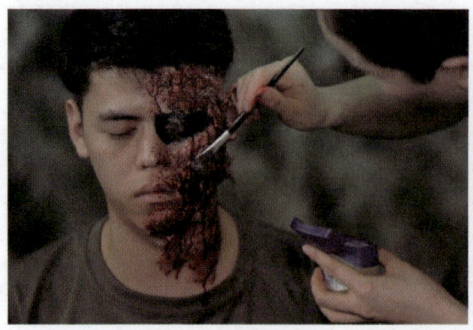

图 8-31　涂抹凡士林

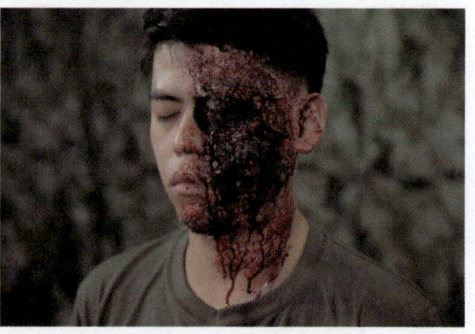

图 8-32　重度烧伤效果

四、注意事项

1. 用伤效海绵蘸取液体血浆、血浆膏再次涂抹，最后用小刷子蘸取深红色油彩对缝隙进行填充，避免空隙露出白色乳胶。

2. 重度烧伤的化装使用乳胶、油彩等量较大、较厚，为避免过敏，上妆前应使用隔离霜对面部进行隔离保护。

第九章

断肢伤

断肢伤（broken limb injury）是由于炸药爆炸或其他化学能转机械能时，高速抛射出的弹片、弹珠等物体致使肢体离断，在火器伤中较为常见，是战创伤救治模拟训练中标准化伤员的常用伤情。

一、致伤机制

爆炸碎片、枪弹致伤者，肢体伤位居其他部位伤之首，护具装备的应用与否对作战人员的致伤部位影响很大。爆炸碎片、枪弹作用于受伤部位，克服组织阻力直接挤压、撕裂的前冲力和侧冲力，造成组织的机械性破坏；与伤道垂直的侧冲力向伤道四周扩散，造成四周软组织和骨组织的损伤；人体四肢横断面积有限，难以承载投射物在组织间产生的"爆炸"效应，瞬时空腔内压力最高可达 9.8MPa，以致肢体离断。

二、断肢伤化装流程

（一）断指伤

断指伤（broken finger injury）常表现为出血、疼痛、伤员心理失衡等特点，创面形状不规则，边缘不整齐，附着血痂，可见指骨残端外露。

1. 前期准备 主要工具材料有乳胶、纸巾、六色油彩伤效盘、血浆膏、液体血浆、黑色油彩、黑色脏粉、吹风机、调刀、调色板、纸胶带、三角海绵、油彩笔、化妆刷、伤效海绵、一次性托盘、鸡蛋壳或墙皮、脱脂棉（图9-1）。

2. 化装步骤 见图9-2。

（1）断指部位一般首选食指，酒精脱脂，保持皮肤清洁干爽（图9-3）。

（2）化装部位手指先弯曲，再用纸胶带将手指固定，松紧适宜（图9-4）。

（3）将乳胶均匀地涂抹在胶布和手指弯曲处（图9-5）。

（4）把纸巾一层层打开，按照乳胶涂抹的位置，一层纸巾一层乳胶（一般两到三层），吹风机吹干（图9-6）。

第九章　断肢伤

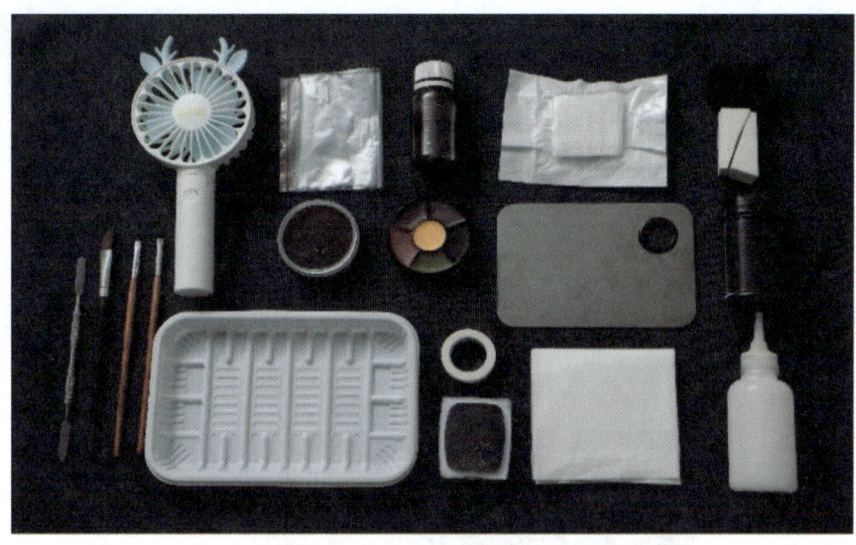

图 9-1　主要工具材料

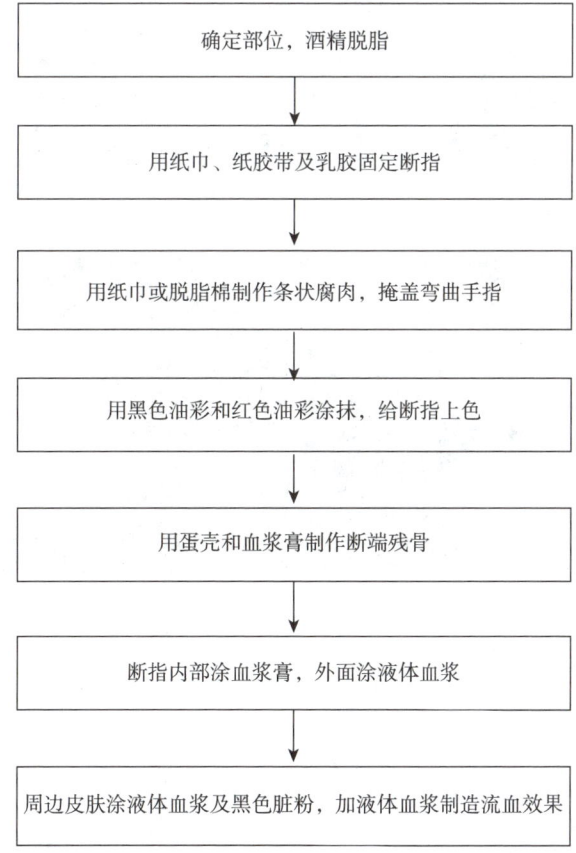

图 9-2　断指伤化装流程

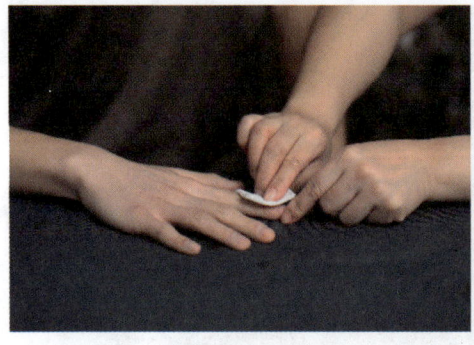
图 9-3 酒精脱脂

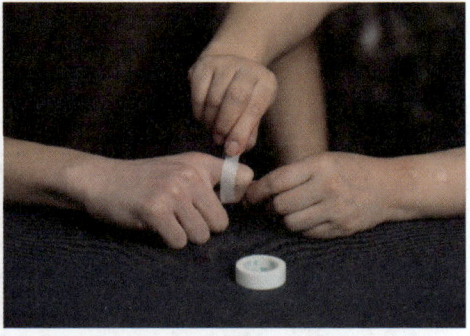
图 9-4 纸胶带固定

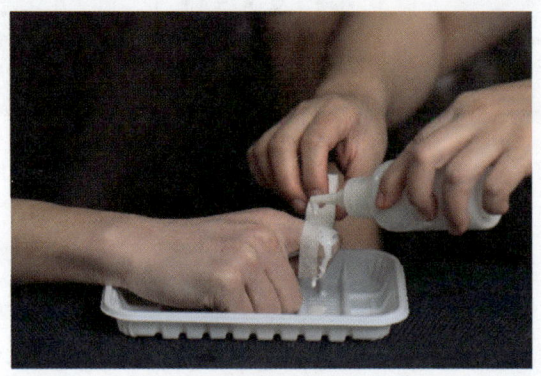
图 9-5 乳胶涂抹

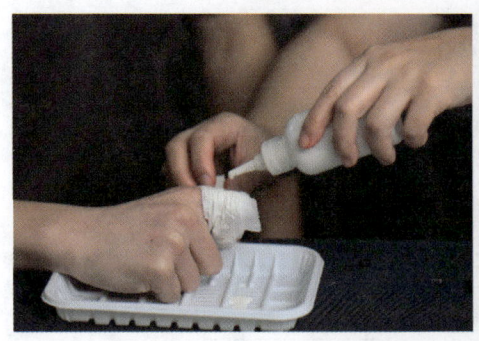

图 9-6 粘贴纸巾、吹干

（5）用纸巾做成条状（仿腐肉），或将脱脂棉拧成细条状，粘到断端头部及有乳胶的地方（图 9-7）。

（6）条状纸巾上涂乳胶，吹风机吹干。此步骤重复，直至看不见手指弯曲（图 9-8）。

（7）油彩笔蘸黑色油彩涂在断端深处（图 9-9）。

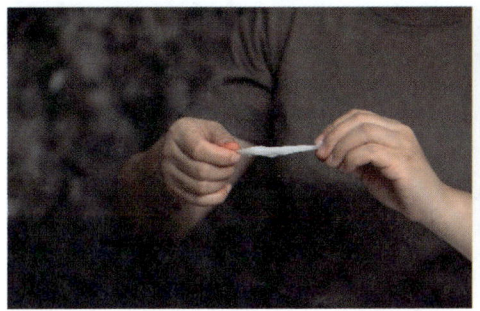 

图 9-7　纸巾制作条状腐肉

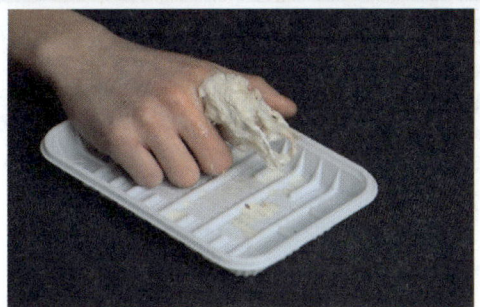

图 9-8　再次涂抹乳胶、吹干

图 9-9　黑色油彩上色

（8）三角海绵蘸六色油彩伤效盘里的红色油彩，涂在断端的乳胶纸巾上，均匀涂抹，包括连接处（图9-10）。

（9）取鸡蛋壳或墙皮一小片放在断端里面，再用调刀取血浆膏涂在断端里，制造断端骨头的效果（图9-11）。

（10）用调刀取血浆膏涂在断端里面（图9-12）。

（11）断指外面用化妆刷蘸液体血浆涂在断指周边及做出的腐肉处（图9-13）。

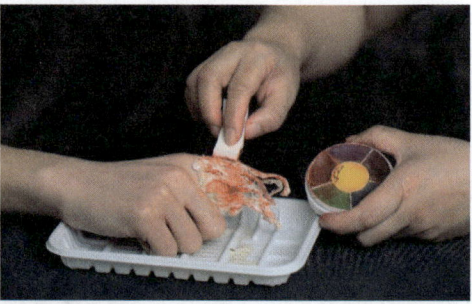

图 9-10　红色油彩上色

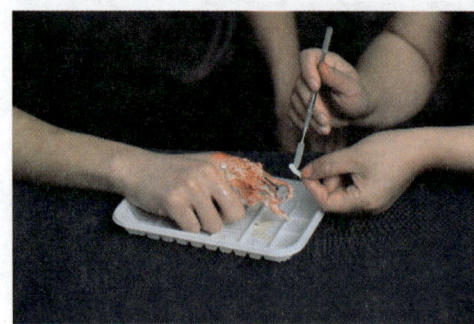

图 9-11　用蛋壳制作断端残骨

图 9-12　涂抹血浆膏

（12）周边皮肤用伤效海绵蘸液体血浆和黑色脏粉涂抹，最后加液体血浆制造流血效果（图9-14）。

3. 注意事项

（1）手指弯曲，用纸胶带将手指固定，松紧适宜，忌过紧，以免影响血液循环。

（2）吹风机吹干乳胶时一定要完全吹干，易于上色。

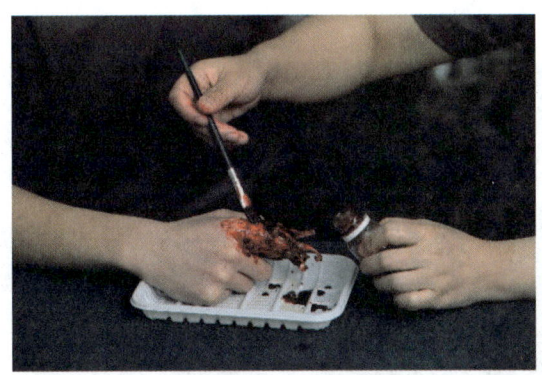

图9-13　涂抹液体血浆

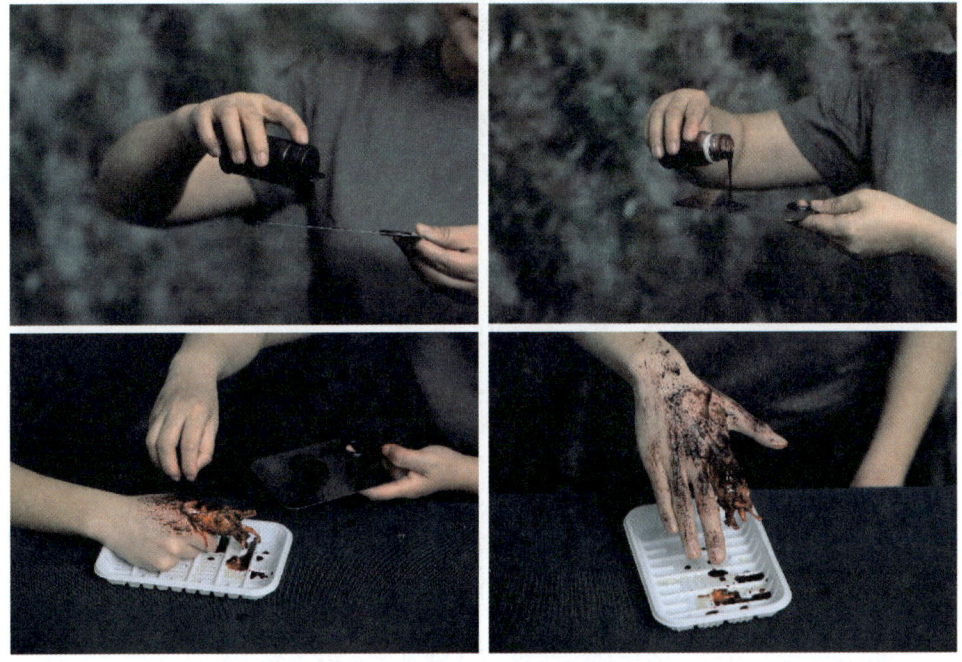

图9-14　用黑色脏粉、液体血浆制作伤效

（二）残肢伤

残肢伤较断指伤受伤程度严重，伤肢残端组织大块缺损、破坏，损伤范围广，创面形状不规则，边缘不整齐，伤口有血凝块、泥土、衣物碎片等异物，可见残肢骨外露，甚至有活动性出血。

1. 前期准备　主要工具材料有乳胶、纸巾、六色油彩伤效盘、血浆膏、液体血浆、黑色油彩、黑色脏粉、吹风机、调刀、调色板、纸胶带、透明胶带、伤效海绵、三角海绵、化妆刷、骨头道具或小木棍、一次性托盘、脱脂棉（图9-15）。

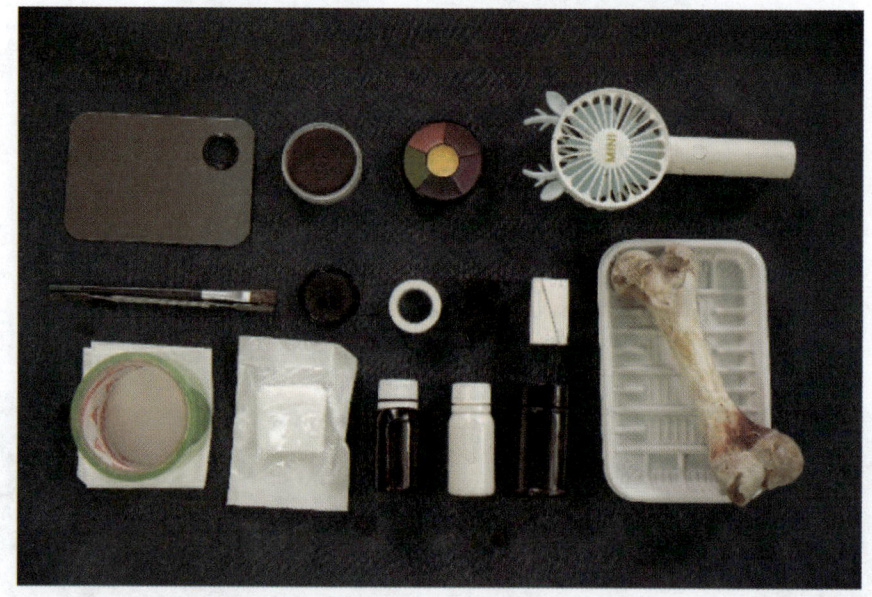

图9-15　主要工具材料

2. 化装步骤　见图9-16。

（1）残肢部位一般首选左右手臂（图9-17）。

（2）在选择的化装部位上用酒精脱脂，保持皮肤清洁干爽（图9-18）。

（3）手臂弯曲，用透明胶带固定手臂，松紧适宜（忌过紧，影响血液循环）（图9-19）。

（4）将道具固定在上臂处，找好合适的位置，如果是道具骨头，一定要将骨头的大头置于下方（图9-20）。

（5）用纸胶带固定好骨头（纸胶带容易上色）（图9-21）。

（6）将乳胶均匀地涂抹在纸胶带手臂弯曲处（图9-22）。

（7）将纸巾一层层打开，在乳胶涂抹的位置贴上一层纸巾（图9-23）。

（8）再把乳胶均匀地涂在纸巾上（图9-24）。

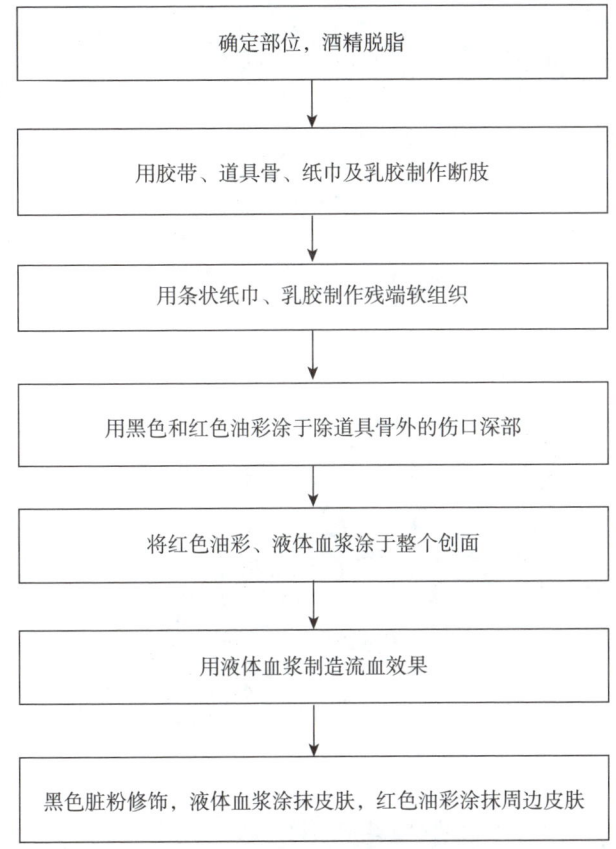

图 9-16 残肢伤化装流程

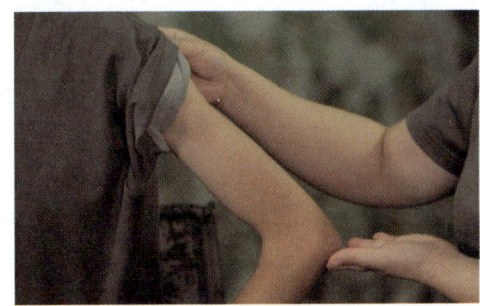

图 9-17 选择部位

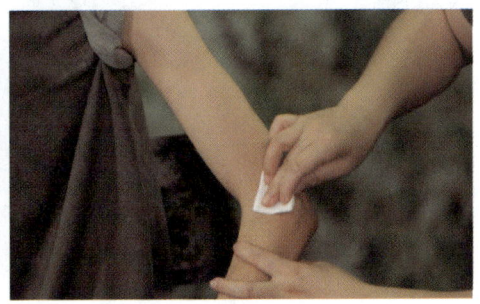

图 9-18 脱脂棉脱脂

（9）用吹风机吹干。一层乳胶，一层纸巾（一般 3 层左右较好）（图 9-25）。

（10）贴 3 层纸巾后将乳胶均匀地涂在上面（图 9-26）。

（11）将纸巾卷成条状（做腐肉），粘到手臂断端头部及有乳胶的地方（图 9-27）。

（12）将乳胶涂在所有的纸巾、条状纸巾上（图 9-28）。

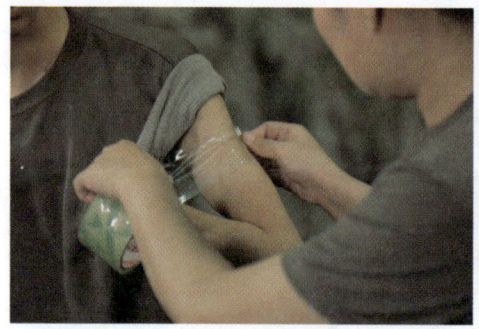

图 9-19　透明胶带固定

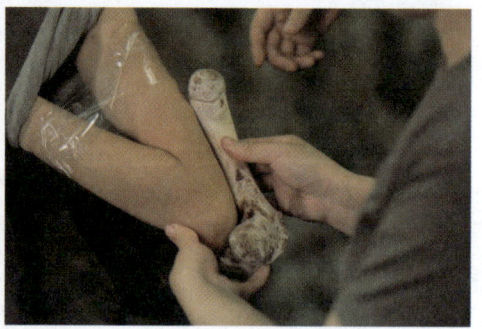

图 9-20　选择道具

图 9-21　用纸胶带固定

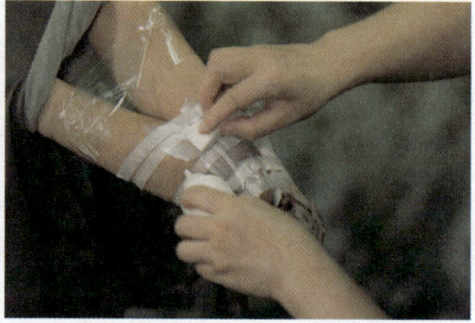

图 9-22　涂抹乳胶

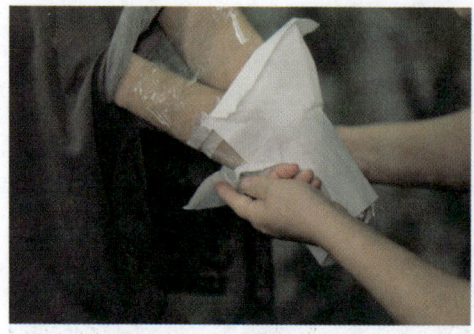

图 9-23　粘贴纸巾

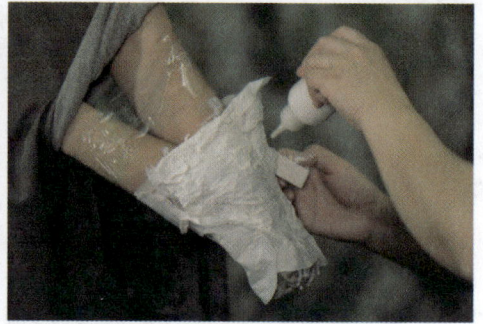

图 9-24　涂抹乳胶

（13）吹风机吹干，同样步骤重复，直至看不见骨头道具，适当多放置一些已做好的腐肉（图9-29）。

（14）用化妆刷蘸黑色油彩涂在手臂断端深处，骨头端不可涂颜色（图9-30）。

（15）用调刀取血浆膏涂在手臂断端伤口较深的部位（图9-31）。

（16）用三角海绵蘸六色油彩伤效盘里的红色油彩，涂在手臂断端涂有乳胶的纸巾上，均匀涂抹，连接处也要涂上（图9-32）。

第九章 断肢伤

图 9-25　吹风机吹干

图 9-26　涂抹乳胶

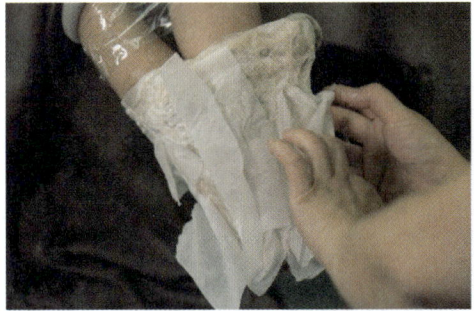

图 9-27　粘贴条状纸巾做腐肉

图 9-28　涂抹乳胶

图 9-29　吹风机吹干

图 9-30　黑色油彩上色

（17）用化妆刷蘸取液体血浆涂在断端周边及做出的腐肉上（图 9-33）。

（18）加液体血浆制造流血效果（图 9-34）。

（19）周边用三角海绵蘸六色油彩伤效盘里的红色油彩涂在周边皮肤上，皮肤上可用伤效海绵蘸液体血浆和黑色脏粉涂抹（图 9-35）。

3. 注意事项

（1）用透明胶带固定手臂，松紧适宜（忌过紧，以免影响血液循环）。

（2）吹风机吹干乳胶，一定要完全吹干，使之上色容易。

图 9-31　涂抹血浆膏

图 9-32　红色油彩上色

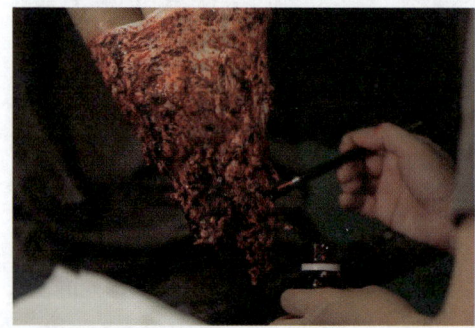

图 9-33　涂抹液体血浆

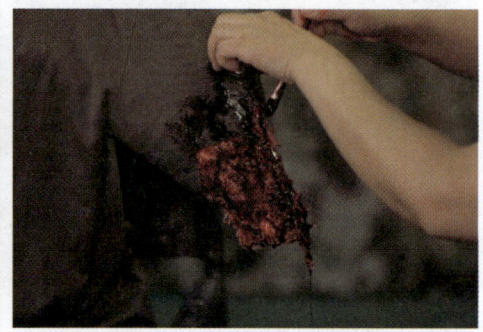

图 9-34　用液体血浆做出流血效果

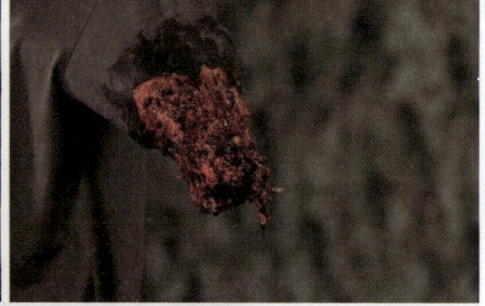

图 9-35　涂抹黑色脏粉和液体血浆制造伤效

第十章

撕裂伤

撕裂伤（laceration）是在强大的钝性暴力作用下，由于急剧牵拉或扭转造成皮肤和皮下组织撕裂或撕脱的一类开放性损伤。

撕裂伤损伤严重，组织受损面积大，出血多，常伴有肌肉、血管、神经和骨骼的暴露，创口边缘多不整齐，因牵拉方向和力度不同，伤口各异；斜形牵拉呈瓣状，平行牵拉呈线状，多方向牵拉呈星状；伤口常见未断离的胶原纤维，污染通常比较严重；伤员疼痛剧烈，易发生休克和继发感染。

一、致伤机制

撕裂伤伤情取决于投射物致伤作用力，单一前冲力可直接破坏组织，造成皮肤组织撕裂性损伤。若合并侧冲力，它与伤道垂直并以压力波的形式向四周扩散，使组织形成比原发伤道直径大数倍的瞬时空腔，使四周软组织和骨损伤。

二、撕裂伤化装流程

（一）前期准备

主要工具材料有乳胶、纸巾、六色油彩伤效盘、血浆膏、液体血浆、黑色脏粉、三角海绵、伤效海绵、吹风机、调刀、调色板、剪刀、化妆刷、一次性托盘、脱脂棉（图10-1）。

（二）撕裂伤化装流程

见图10-2。

1. 撕裂伤部位一般首选四肢，脱脂棉脱脂，保持皮肤清洁干爽（图10-3）。

2. 如选前臂外侧，选好部位后可用三角海绵将乳胶均匀地涂抹在皮肤上（细长形）（图10-4）。

3. 用吹风机吹干（图10-5）。

4. 把纸巾一层层打开，在乳胶涂抹的部位，一层纸巾、一层乳胶。每层纸巾都要用吹风机吹干（图10-6）。

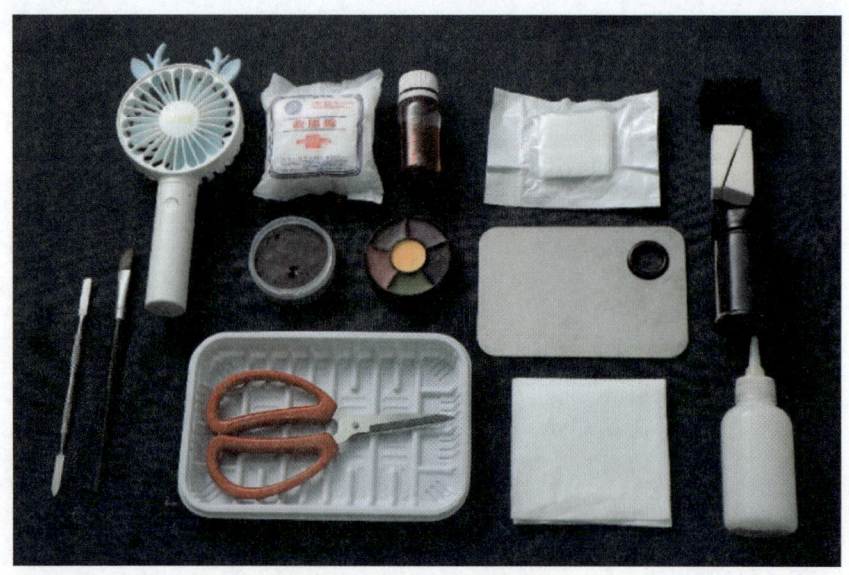

图 10-1　主要工具材料

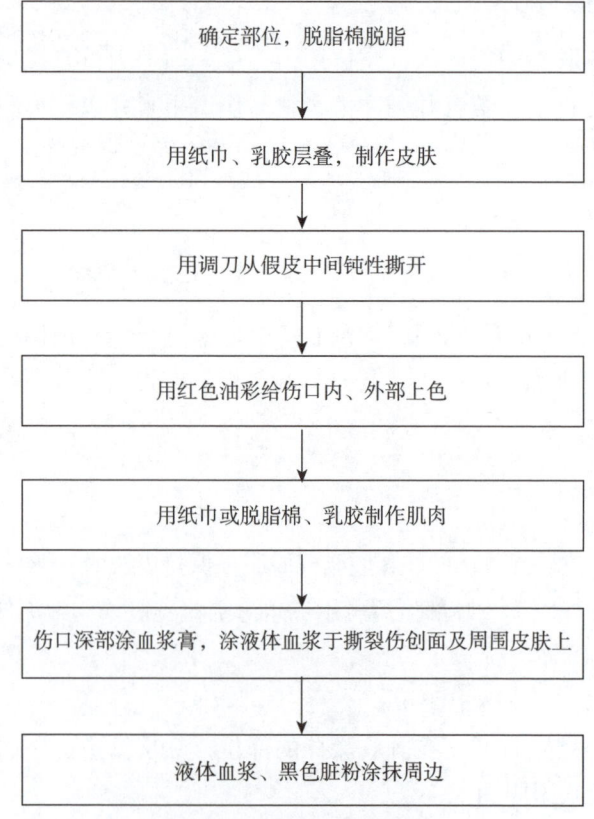

图 10-2　撕裂伤化装流程

第十章　撕裂伤

图 10-3　酒精脱脂

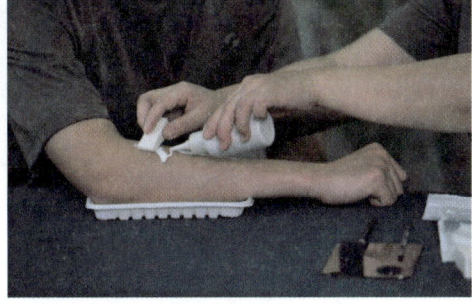

图 10-4　涂抹乳胶

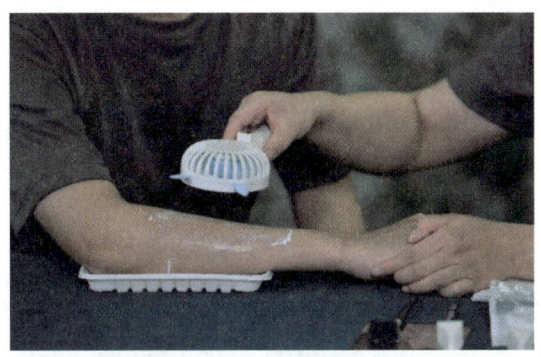

图 10-5　吹风机吹干

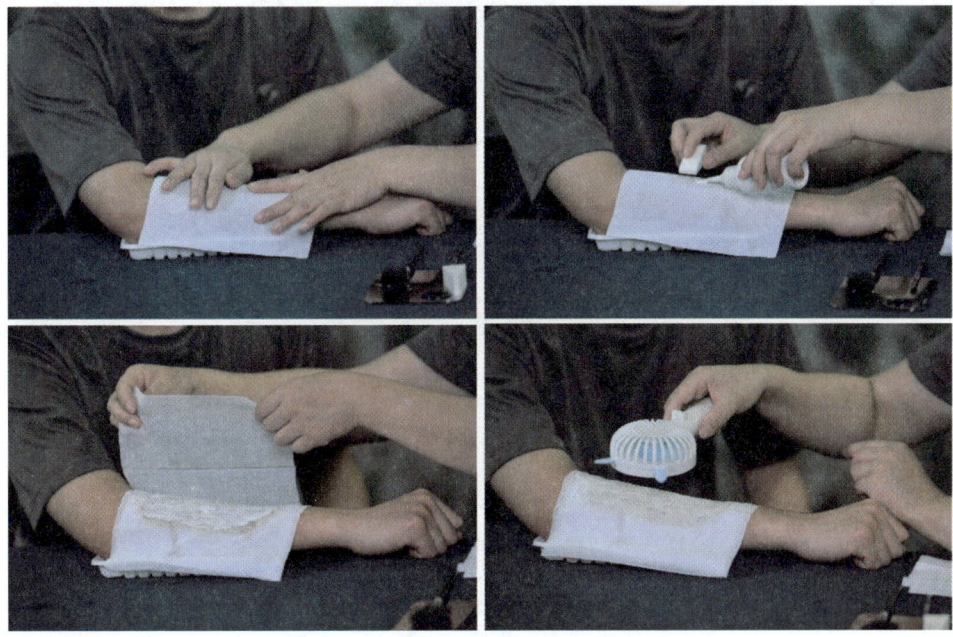

图 10-6　粘贴纸巾，涂抹乳胶，吹风机吹干

5. 贴3层纸巾后以乳胶收尾、撕边，周边可用乳胶固定收边，吹风机吹干（图10-7）。

6. 用调刀从中间挑开，不能太整齐。可先用剪刀修剪，再用手撕，做出撕裂的效果（图10-8）。

7. 撕裂的皮肤和外周皮肤用三角海绵蘸六色油彩伤效盘里的红色油彩涂红（图10-9）。

8. 撕裂处里面暴露的皮肤用三角海绵蘸六色油彩伤效盘里的红色油彩涂红（图10-10）。

9. 用纸巾或脱脂棉做成条状，放在撕裂处暴露的皮肤上，做出组织或肌肉结构的效果（图10-11）。

10. 乳胶固定后用吹风机吹干（图10-12）。

11. 用调刀取血浆膏涂在撕裂处伤口较深的部位（图10-13）。

12. 用化妆刷蘸液体血浆涂在撕裂处暴露以及撕裂处外围皮肤上（尽量不要留白色）（图10-14）。

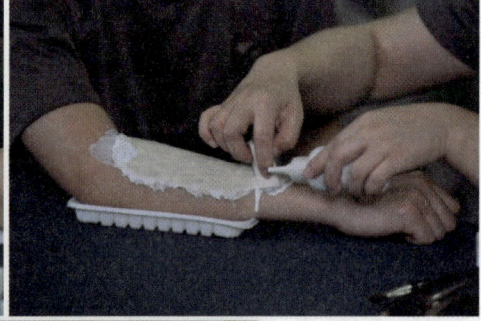
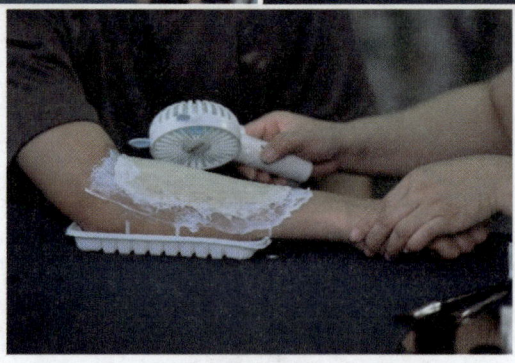

图10-7　撕边，乳胶收边，吹风机吹干

图 10-8 调刀挑开,剪刀修剪

图 10-9 红色油彩上色

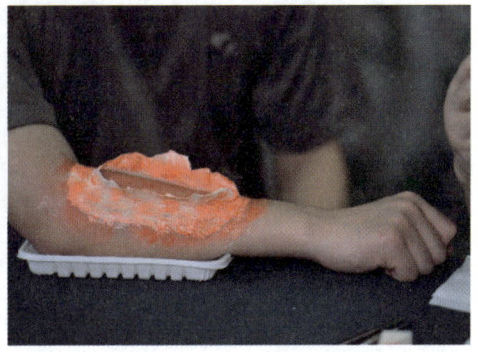

图 10-10 上色效果

13. 皮肤上可用伤效海绵蘸液体血浆和黑色脏粉涂抹,加液体血浆,涂抹在周围皮肤上(图 10-15)。

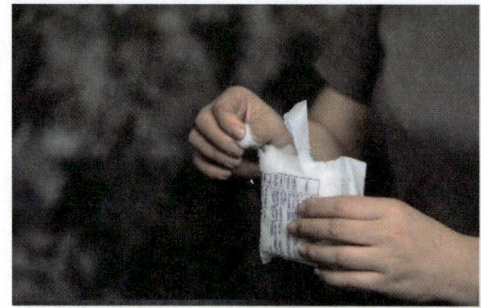
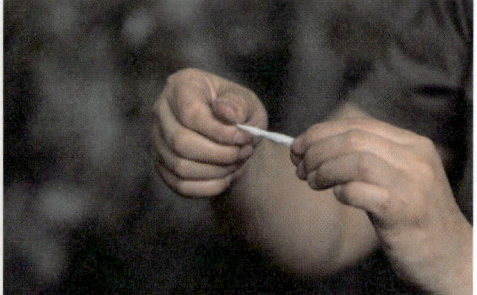

图 10-11　填放条状脱脂棉

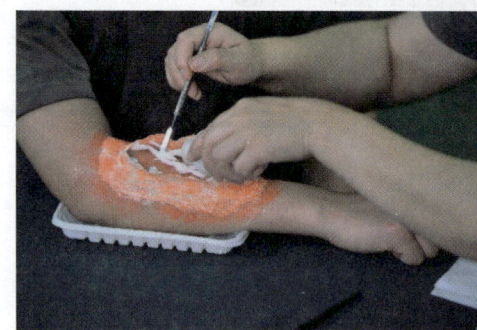

图 10-12　乳胶固定，吹风机吹干

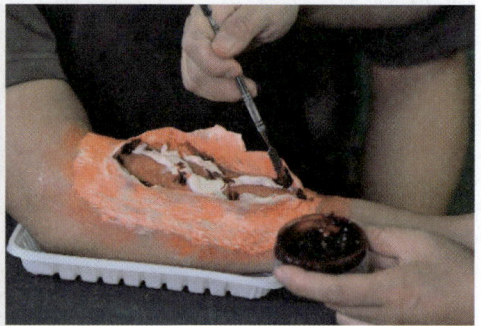

图 10-13　涂抹血浆膏

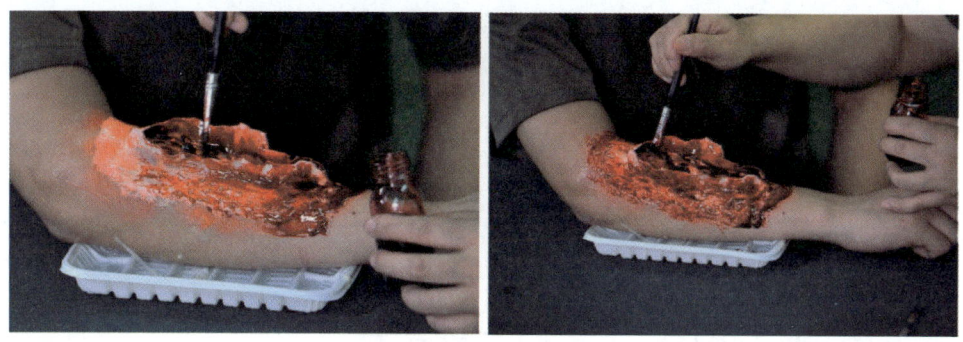

图 10-14　涂抹液体血浆

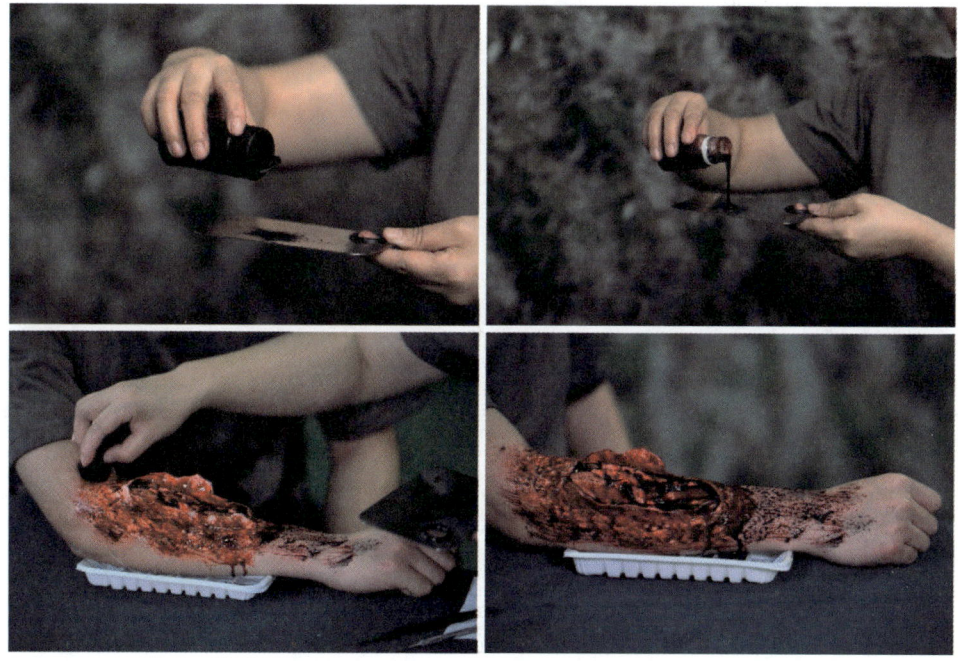

图 10-15　涂抹黑色脏粉、液体血浆

三、注意事项

1. 用纸巾或脱脂棉做成条状，放在撕裂处暴露的皮肤里，做出组织或肌肉结构的效果，不宜太多，摆放得越乱效果越好。

2. 吹风机吹干乳胶，一定要完全吹干，后期容易上色。

第十一章

面部炸伤

面部炸伤（facial blow-up injury）是由枪弹、炸弹、地雷、炮弹、导弹等高能高爆武器致面部组织毁损的开放性损伤。按受伤部位不同可分为额、眶、眶下、鼻、耳、唇颊、腮腺咬肌等区域损伤。

一、致伤机制

现代炸伤组织损伤广泛，面积大，外形不规则，边缘不齐，附着血痂，常有软组织移位及缺损、污染严重。面部血供丰富，伤后出血多，容易形成血肿，同时，血供丰富的组织再生能力和抗感染能力较强，伤口愈合相对容易。两侧颌面伤可致面神经和腮腺损伤，面部表情及功能改变。

软组织损伤遗留的瘢痕、色素沉着，面神经损伤所致的面部表情肌瘫痪虽不危及生命，但仍应对创面进行正确、及时的处理和对伤员进行良好的心理护理。

二、面部炸伤化装流程

（一）前期准备

主要工具材料有肤蜡、延展油或者凡士林、粉底、调刀、调色板、化妆刷、六色油彩伤效盘、血浆膏、液体血浆、酒精胶水、黑色脏粉、三角海绵、伤效海绵、脱脂棉、油彩笔（图11-1）。

（二）面部炸伤化装流程

见图11-2。

1. 首选面部平缓的区域，脱脂棉脱脂，保持皮肤清洁干燥（图11-3）。
2. 取肤蜡、延展油或凡士林进行融合、塑形（图11-4～图11-7）。
3. 在化装部位涂抹酒精胶水，待干后将肤蜡放置于局部（图11-8，图11-9）。

图 11-1　主要工具材料

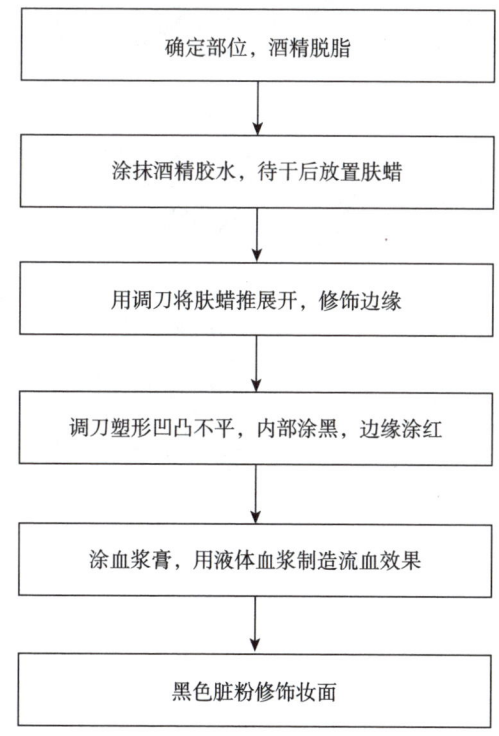

图 11-2　面部炸伤化装流程

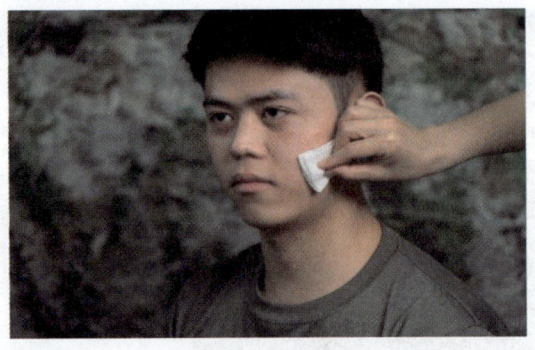

图 11-3　酒精脱脂

图 11-4　取肤蜡

图 11-5　肤蜡塑形

图 11-6　少量延展油

图 11-7　延展油融合

4.用调刀将肤蜡抹平展开，进行表面修饰、按压，使之与周围的皮肤紧密无缝地衔接在一起（图 11-10）。

5.用调刀在肤蜡上做出不规则的伤口，根据所需面积选择伤口大小。注意深浅，不要伤及皮肤（图 11-11）。

6.用肉色粉底涂抹修饰表面，使肤蜡颜色与周围皮肤颜色统一协调（图 11-12，图 11-13）。

图 11-8　涂酒精胶水

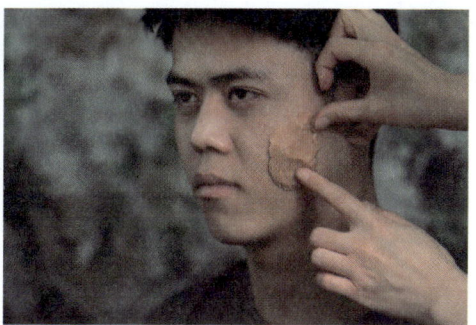
图 11-9　粘贴肤蜡

图 11-10　调刀抹平肤蜡

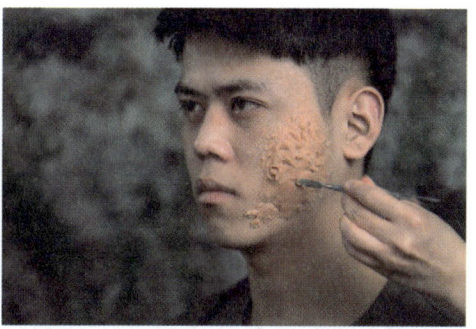
图 11-11　调刀塑形

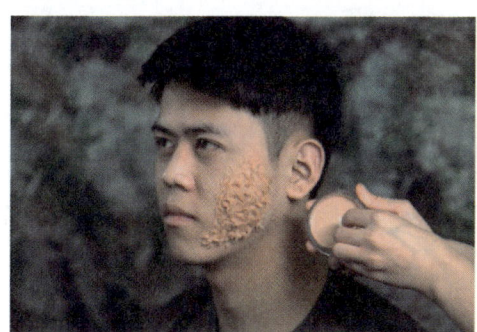
图 11-12　涂抹肉色粉底

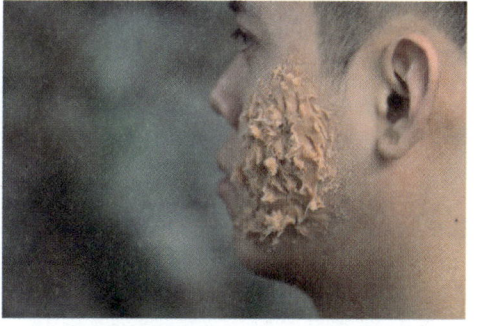
图 11-13　呈现腐肉效果

7. 用油彩笔蘸黑色油彩涂在炸伤后凹陷的位置里（图 11-14，图 11-15）。

8. 凹陷边缘用油彩笔蘸红色油彩涂红，做出红肿效果（图 11-16，图 11-17）。

9. 炸伤凹陷处用调刀添加血浆膏，做出炸伤后出血点的效果（图 11-18，图 11-19）。

10. 取少量液体血浆于调色板上，用化妆刷在妆面部位刷液体血浆（图 11-20，图 11-21）。

图 11-14　取黑色油彩

图 11-15　黑色油彩上色

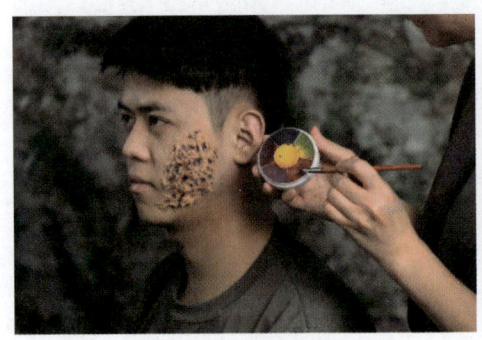

图 11-16　取红色油彩

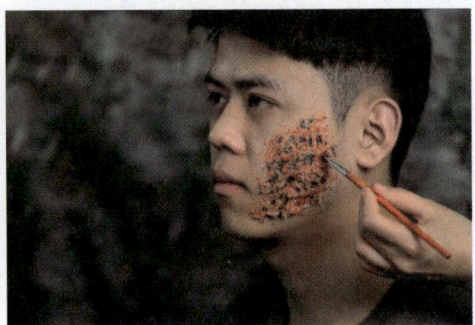

图 11-17　红色油彩上色

图 11-18　取血浆膏

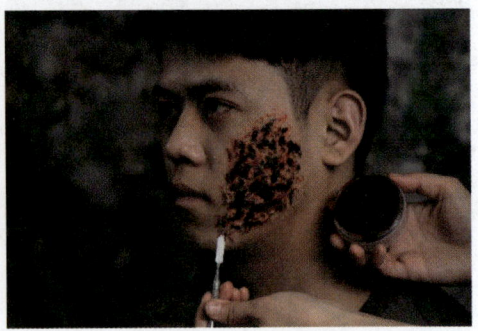

图 11-19　涂抹血浆膏

11. 取少量黑色脏粉于调色板上，用伤效海绵蘸黑色脏粉和血浆膏涂妆面周围进行修饰（图 11-22～图 11-24）。

图 11-20　取液体血浆

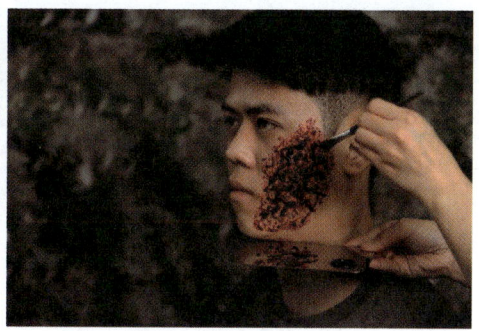
图 11-21　涂抹液体血浆

图 11-22　取黑色脏粉

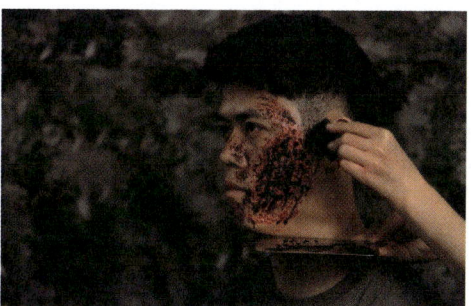
图 11-23　涂抹黑色脏粉

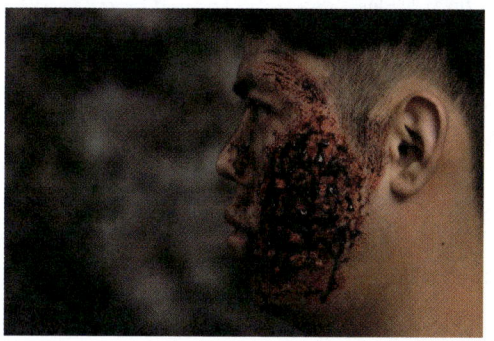
图 11-24　面部炸伤效果

三、注意事项

用调刀在肤蜡上做伤口时，伤口越乱越好。外口用调刀稍往外带，做出被炸伤后皮开肉绽的效果。

第十二章

手部炸伤骨外露

手部炸伤（blow-up of the hand）是由枪弹、炸弹、地雷、炮弹、导弹等高能高爆武器致手部组织毁损的开放性损伤。

一、分型

根据损伤范围和程度可分为三型。

（一）Ⅰ型

Ⅰ型又称局限伤，指小范围局部损伤。根据累及组织多少又可分为两个亚型。

1. ⅠA型　未伤及骨、关节、肌腱、神经，手部功能可完全恢复。
2. ⅠB型　伤及肌腱、神经或伴有无明显移位的骨折，手部功能恢复较好。

（二）Ⅱ型

Ⅱ型又称广泛伤，受伤范围伤及数个手指及手掌，软组织缺损较多，肌腱、神经和骨关节受伤或部分缺损。若处理及时，方法妥当，基本能保存手部功能。

（三）Ⅲ型

Ⅲ型又称毁损伤，手部组织损伤严重，大部分毁损或丧失，完全失去手的外形，手功能全部或大部分丧失。

二、致伤机制

手的解剖结构复杂，位置暴露，具有灵活的运动及敏锐的感觉功能。战创伤常累及手部，造成骨、关节、肌腱、神经和血管的广泛损伤，强大的火器甚至会导致手部组织的严重损伤。由于手部结构的特殊性，如处理不当易发生感染，并可向深部和前臂蔓延，引流困难，导致手部重度伤残。

手背炸伤骨外露属手部炸伤Ⅱ型，即广泛型；手背部软组织缺损较多，创面充满破碎失活组织、血凝块、碎片等异物，肌腱、骨骼外露。

三、手背炸伤骨外露化装流程

（一）前期准备

主要工具材料有肤蜡、延展油或者凡士林、乳胶、棉签、六色油彩伤效盘、血浆膏、液体血浆、黑色脏粉、酒精胶水、调刀、三角海绵、伤效海绵、调色板、油彩笔、化妆刷、吹风机、脱脂棉（图12-1）。

图 12-1 主要工具材料

（二）化装步骤

见图12-2。

1. 受伤部位一般选择左右手的手背，酒精脱脂，保持皮肤清洁干爽（图12-3）。

2. 在掌指关节处，涂抹酒精胶水待干（图12-4）。

3. 先用肤蜡塑形（粗条状），用调刀修整（图12-5～图12-7）。

4. 用凡士林涂抹（少量），用三角海绵涂乳胶，反复均匀地涂几层乳胶（2～3层），用吹风机吹干（图12-8～图12-10）。

5. 在乳胶吹干的部位，用三角海绵蘸六色油彩伤效盘里的红色油彩均匀地涂满（图12-11）。

6. 再涂上一层凡士林（防止掀起后粘连）（图12-12，图12-13）。

7. 将干了的乳胶由近心端向远心端轻轻撕起，撕到掌指关节处肤蜡上（图12-14，图12-15）。

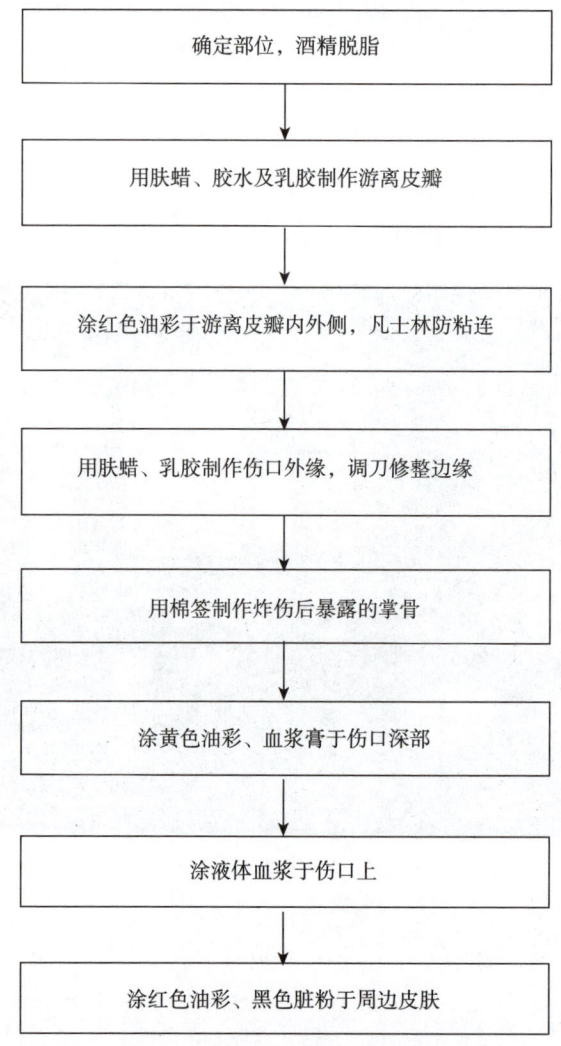

图 12-2　手背炸伤骨外露化装流程

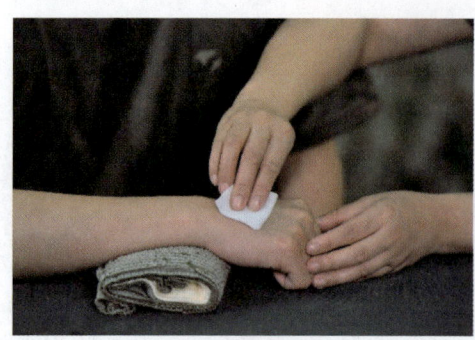

图 12-3　酒精脱脂

图 12-4　涂抹酒精胶水

图 12-5　取肤蜡

图 12-6　肤蜡塑形

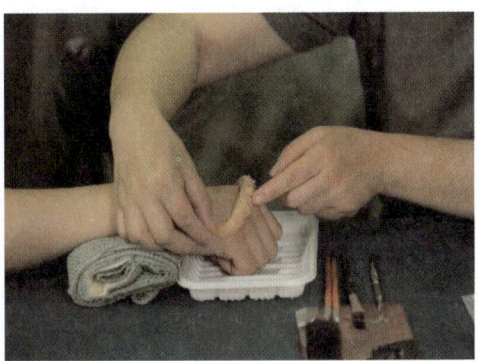

图 12-7　粘贴肤蜡

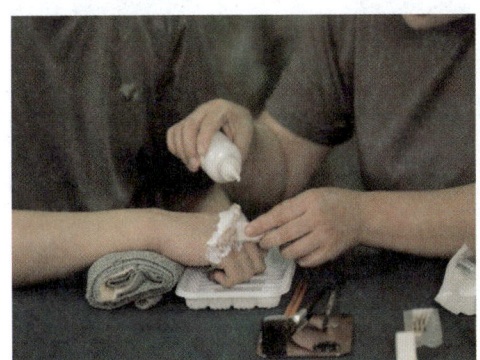

图 12-8　肤蜡上涂抹乳胶

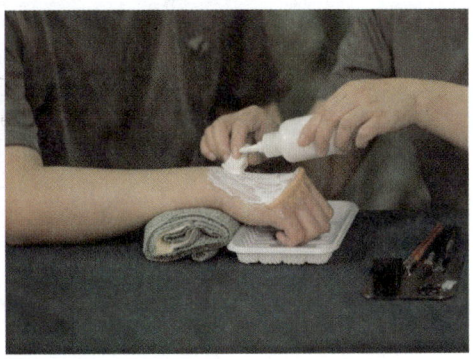

图 12-9　手背上涂抹乳胶

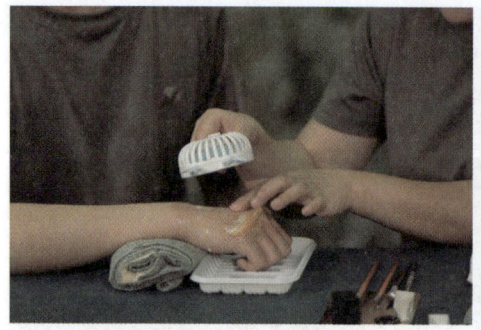
图 12-10　吹风机吹干

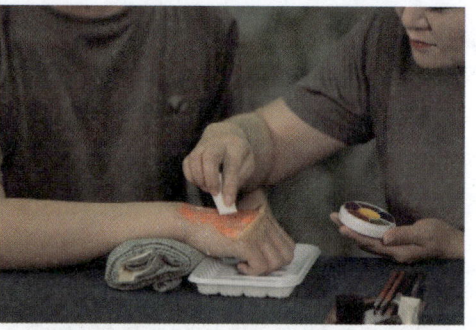
图 12-11　红色油彩上色

图 12-12　取凡士林

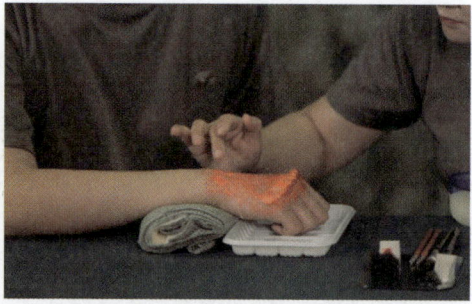
图 12-13　涂抹凡士林

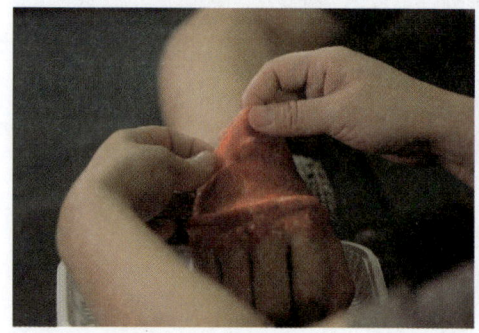
图 12-14　撕脱乳胶

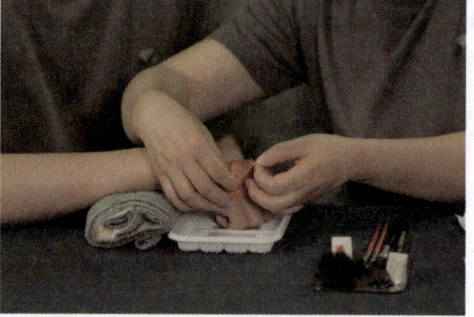
图 12-15　撕至肤蜡上

8. 用三角海绵蘸取六色油彩伤效盘里的红色油彩涂在被掀起的乳胶膜上（图 12-16）。

9. 用凡士林涂在被掀起的乳胶膜上（防止粘连）（图 12-17）。

10. 在乳胶膜撕脱处的手背皮肤边缘用肤蜡做膜，粗条状（图 12-18，图 12-19）。

11. 用调刀抹平边缘，乳胶固定（边缘和中间暴露处）。吹风机吹干（图 12-20～图 12-22）。

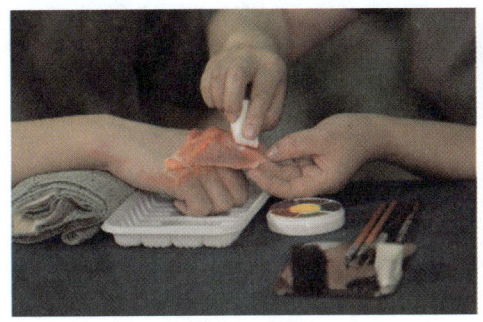
图 12-16　红色油彩上色

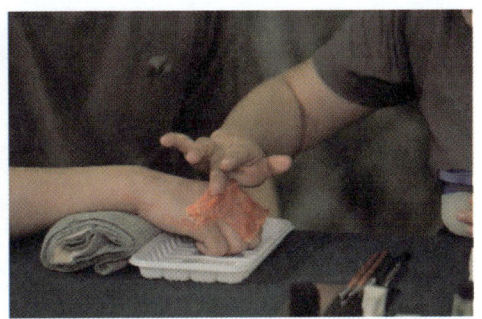
图 12-17　涂抹凡士林

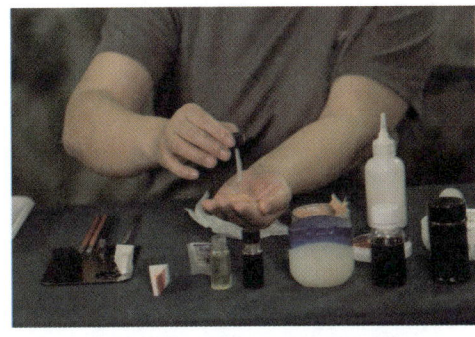
图 12-18　取肤蜡和延展油融合

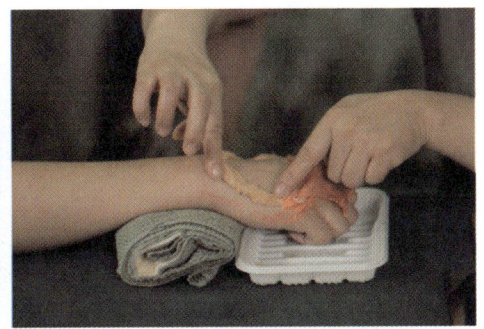
图 12-19　粘贴肤蜡

图 12-20　肤蜡塑形，调刀修饰

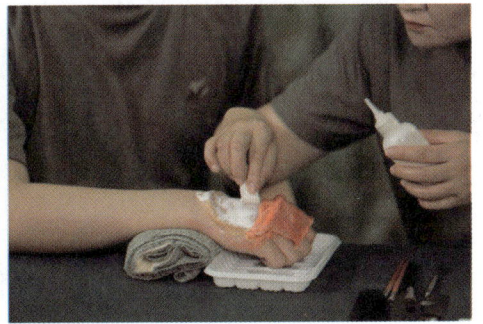
图 12-21　涂抹乳胶

12. 取出 4 根棉签，每根棉棒上用少许棉花轻微地缠绕，放在暴露部位，棉棒间隔处可加一些棉絮（图 12-23 ～图 12-25）。

13. 用油彩笔蘸六色油彩伤效盘里的黄色油彩涂在部分区域（模拟脓液），可使用乳胶或血浆膏固定（图 12-26）。

14. 用化妆刷或调刀取血浆膏涂在伤口比较深的部位（图 12-27）。

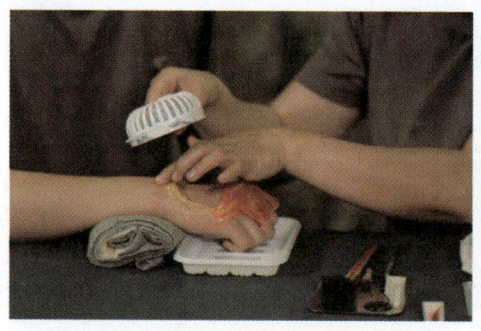

图 12-22 吹风机吹干

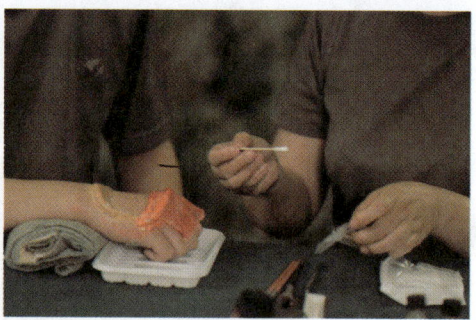

图 12-23 取棉签

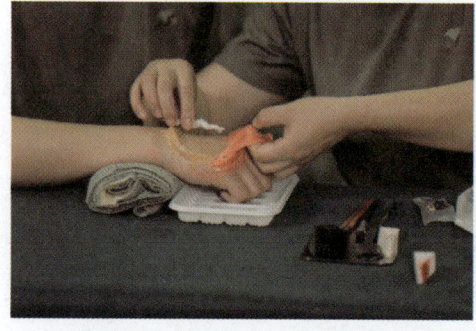

图 12-24 将做好的棉签放在暴露处

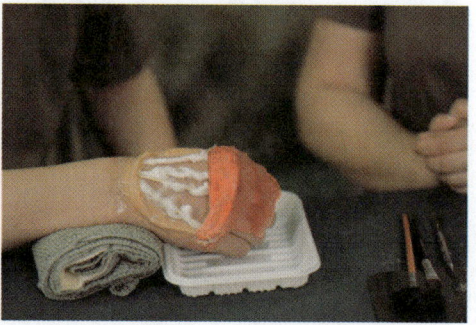

图 12-25 棉签放置位置

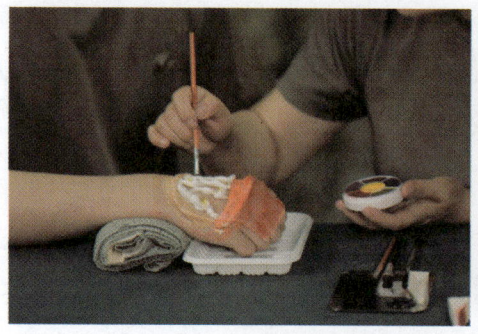

图 12-26 黄色油彩上色

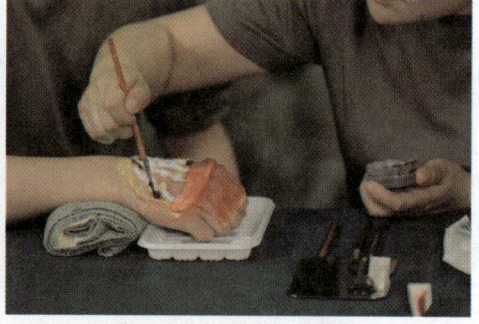

图 12-27 涂抹血浆膏

15. 将内侧除肌腱外大部分白色区域涂上液体血浆（白色的棉絮要留一些白色），最后加液体血浆制造流血效果（图 12-28）。

16. 伤口周边的皮肤用三角海绵蘸六色油彩伤效盘里的红色油彩均匀涂红，用伤效海绵蘸液体血浆均匀地涂在撕脱的乳胶膜及周边皮肤上，再用黑色脏粉、液体血浆涂在整个妆面，皮肤可用手涂抹，手背上可轻微撒一些（图 12-29～图 12-32）。

第十二章 手部炸伤骨外露

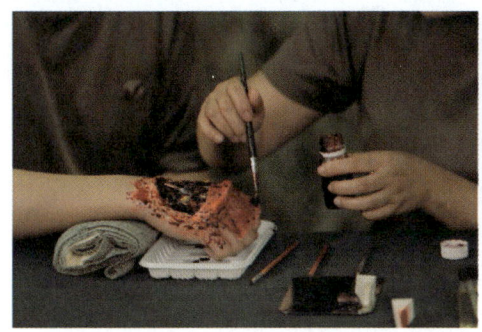

图 12-28 涂抹液体血浆

图 12-29 取黑色脏粉

图 12-30 取液体血浆

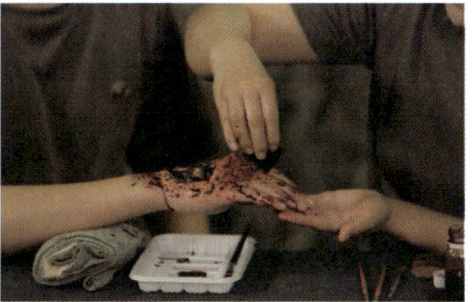

图 12-31 涂抹黑色脏粉、液体血浆

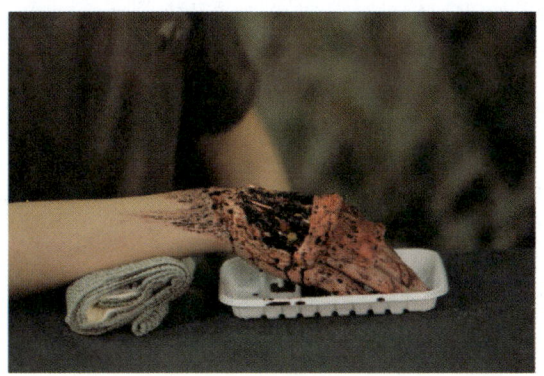

图 12-32 手部炸伤骨外露效果

四、注意事项

1. 用棉棒做特效时，两侧各 1 支，中间 2 支，放在暴露部位，做出组织或肌肉结构的效果，不要太多，摆放得越乱效果越好。

2. 吹风机吹干乳胶时，一定要完全吹干，后期容易上色。

第十三章

日晒伤

日晒伤也称为日光性皮炎，由日光中的紫外线照射所致。主要发生在皮肤暴露部位，如颜面部、背部、颈部和上肢。根据症状分为轻、重两型。轻型为Ⅰ度日晒伤：仅伤及表皮，暴露部位皮肤红斑，界线清晰，局部红肿、刺痛，红斑消退后出现糠秕样或大面积脱屑，好转后不留瘢痕。重型为Ⅱ度日晒伤：深达真皮，表现为暴露皮肤水肿或水疱形成，因渗出较多，水疱破裂后创面渗液明显；创底肿胀发红，痛感剧烈。

一、致伤机制

人体组织在日晒数小时后，阳光中的紫外线被真皮吸收后，在毛细血管周围的芳香蛋白质发生氧化反应后在曝光部位出现界线清楚的红斑，同时皮肤接受紫外线B段（ultra violet B，UVB）照射后上皮细胞受损，释放组胺等化学介质，引起血管的扩张或渗出，严重者可出现水疱、糜烂。

1. 急性日晒伤一般表现为在一次性较长时间暴露于紫外线照射后，经12～24小时皮肤出现弥漫性红斑、水肿，严重者可出现水疱或全身反应。

2. 慢性日晒伤可见增厚性红斑、色素沉着等，常见部位是手背部和项部，在颈项部还可出现特征性皮损"项部菱形皮肤"。前臂、项部、面部等可见簇集的丘疹或斑块。唇部常表现为下唇的糜烂或溃疡。

二、日晒伤化装流程

（一）轻度日晒伤

1. 前期准备　主要工具材料有化妆刷、六色油彩伤效盘、红色油彩、黑色油彩、三角海绵（图13-1）。

2. 化装步骤

（1）首选面部，用三角海绵将红色油彩和黑色油彩融合上妆，模拟皮肤晒后底色（图13-2）。

（2）在耳郭、鼻梁、颧骨等容易晒伤部位重点着红色油彩，增加立体效果（图13-3）。

图13-1　主要工具材料

图13-2　涂抹黑色、红色油彩

图13-3　立体效果

（二）重度日晒伤

1.前期准备　主要工具材料有红色油彩、六色油彩伤效盘、乳胶、纸巾、化妆刷、粉底、三角海绵、调刀（图13-4）。

2.化装步骤　见图13-5。

（1）先在手腕或耳后皮肤做过敏试验，确认不过敏方可上妆（图13-6）。

（2）用纸巾蘸取乳胶涂在面部，待干后再次涂抹并进行定妆（图13-7）。

（3）用调刀在乳胶上散在地划出小口子（图13-8）。

图 13-4 主要工具材料

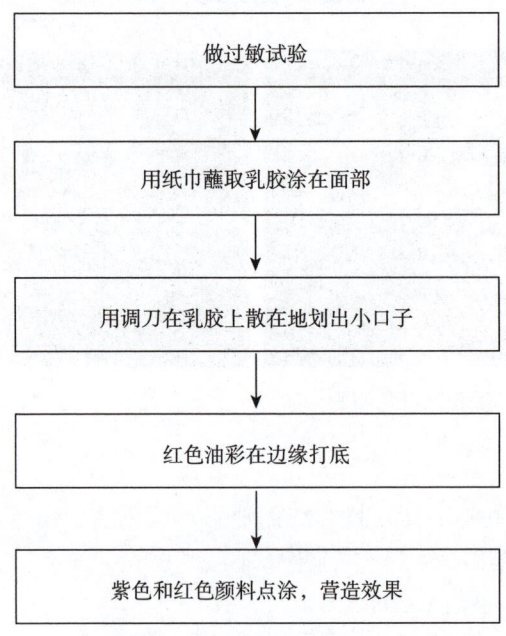

图 13-5 重度日晒伤化装流程

（4）取红色油彩在边缘打底，注意颜色过渡和层次，深色油彩涂在水疱底部，做出肿胀泛红的基底（图13-9）。

（5）用化妆刷取紫色和红色颜料混合点涂，做成晒伤后皮肤的样子（图13-10）。

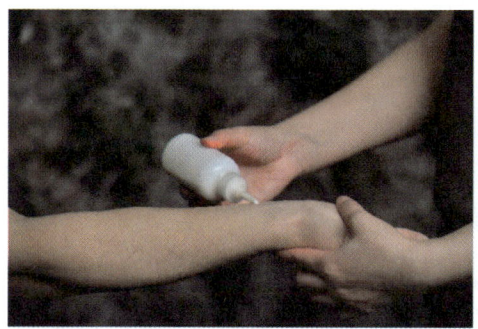

图13-6　乳胶过敏试验

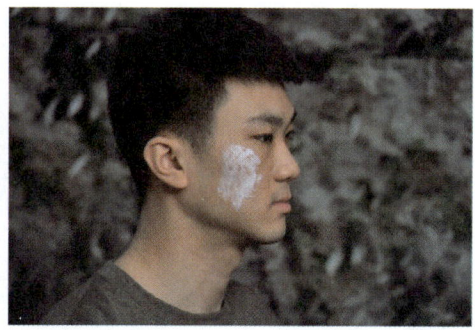

图13-7　乳胶待干

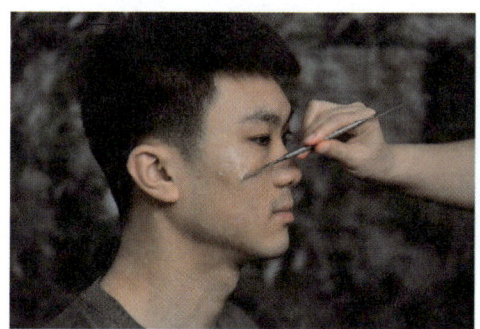

图13-8　调刀做破口

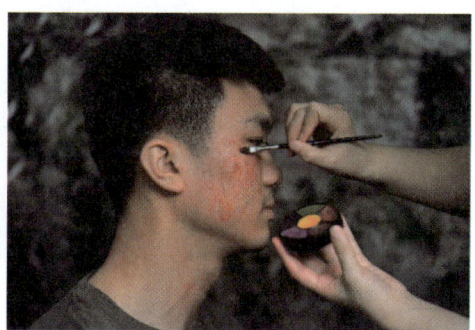

图13-9　红色油彩上色

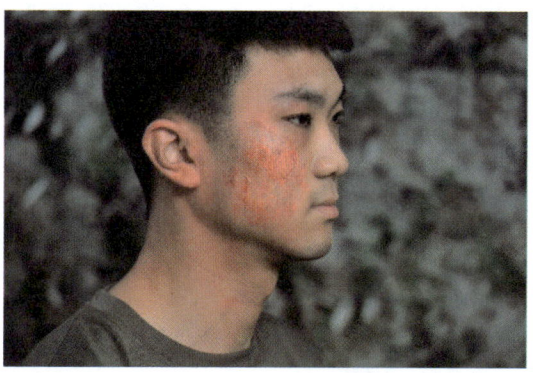

图13-10　日晒伤效果

三、注意事项

1. 将凡士林完全封闭时注意将空气完全挤压出去。
2. 油彩上妆时注意颜色的过渡和层次。
3. 乳胶卸妆时一定要使用专业的卸妆水。
4. 酒精油彩配合 99% 纯度的酒精使用时，应避免靠近火源，注意安全。

第十四章

冻　伤

冻伤是由于肢体在极低气温或较长时间暴露于 0℃以下的低温环境导致组织冻结性冷损伤。这里的冻伤是狭义的局部冻伤。冻伤是冬季作战、军事活动、科学探险、登山运动及野外工作的常见病，是造成部队非战斗减员及削弱劳动力的重要原因。

一、致伤机制

1. 寒冷、潮湿、大风、暴风雪是发生冻伤的主要环境因素。
2. 肢体活动少，静止不动或局部受压迫、酒醉和精神不正常、迷路、饥饿与疲劳、营养不良、疾病是发生冻伤的个体因素。
3. 低温下接触金属、接触低温冷却剂，在严寒条件下接触柴油和汽油等液体也可导致严重冻伤。

二、冻伤分类

（一）Ⅰ度冻伤（红斑性冻伤）

冻伤为皮肤浅层，受冻早期皮肤苍白，复温后局部充血和水肿，在一般情况下，冻伤后 3 小时内皮肤开始肿胀、发红，压之变白，局部皮温增高。主要症状是出现麻木感，复温后出现针刺样疼痛、痒感、灼热感，不出现水疱。一般于冻伤后 1 周内不治自愈，愈后局部有表皮剥脱。

（二）Ⅱ度冻伤（水疱性冻伤）

损伤达真皮层（表皮或真皮的一部分）。皮肤红或粉红色，压之变白，继而血管迅速充血，高度肿胀，疼痛过敏，深部感觉存在。12～24 小时出现大量浆液性水疱，疱液多为橙黄色，疱底呈鲜红色，少数呈血性水疱。水疱大而连成片，重者从手指尖至手背，足趾尖至踝关节、足跟部。如无感染，5～7 天后水肿减轻、水疱逐渐吸收，而后结痂、干燥、剥脱。2 周内自愈，愈后可遗留瘢痕或无瘢痕。

(三) Ⅲ度冻伤

损伤达皮肤全层（表皮和真皮），并累及皮下组织。皮肤呈青紫、紫红或青蓝色，皮肤温度下降，感觉存在。有明显的水肿和多个水疱，水疱内液体多为血性渗出液，疱底呈暗红色。局部明显疼痛。受冻部位皮肤全层变黑、坏死，创面愈合后遗留瘢痕。

(四) Ⅳ度冻伤

损伤除皮肤、皮下组织外，受冻深度达肌肉和骨髓，皮肤呈苍白色、青灰色、蓝紫色甚至紫黑色，指（趾）甲床灰黑色，肿胀常不明显或无肿胀，严重者也可无水疱或有小水疱，孤立而分散，水疱液呈暗红色、咖啡色或深紫色。2周左右水疱变干，如无感染，受损伤部位变干，2～3周呈干性坏疽，组织呈木乃伊化。如有感染，则组织坏死，分泌物恶臭，即湿性坏疽。坏死组织出现分界线的时间延长1～2个月，最后逐渐变为干性坏死组织而脱落。

三、冻伤化装流程

(一) 前期准备

1. **伤情准备** 对所要化装的伤情有初步了解和规划布局，选取操作部位，观察所要制作伤口的部位皮肤颜色、毛发情况。

2. **物品准备** 主要工具材料有乳胶、调刀、调色板、酒精油彩伤效盘、凡士林、血浆膏、液体血浆、黑色油彩、伤效海绵、三角海绵、碎冰、吹风机、油彩笔（图14-1）。

图14-1 主要工具材料

（二）化装步骤

见图 14-2。

1. 取适量乳胶在调色板上（图 14-3）。

2. 三角海绵将乳胶涂抹在额部、面颊、下颌 3 个部位，用吹风机吹干（图 14-4）。

3. 扩大涂抹面积，重复步骤 2（图 14-5）。

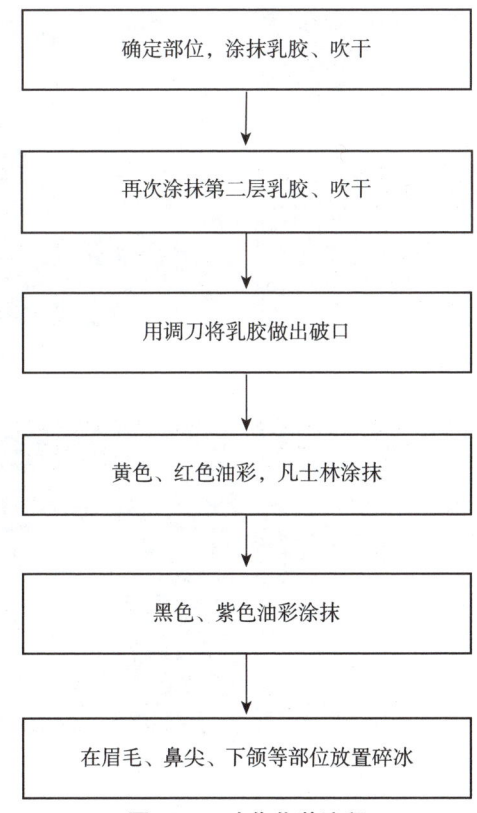

图 14-2　冻伤化装流程

图 14-3　取适量乳胶

图 14-4　吹风机吹干乳胶

4. 使用调刀在涂抹乳胶部分做出数个破口，破口边缘稍卷起，根据伤情轻重决定破口数量（图14-6）。

5. 红色油彩在圈底部边缘少量涂抹（图14-7）。

6. 取酒精油彩伤效盘中的黄色油彩在圈内空白处打底（图14-8）。

7. 使用凡士林在整个圈内填涂（图14-9）。

8. 用淡红色油彩轻涂创口表面（图14-10）。

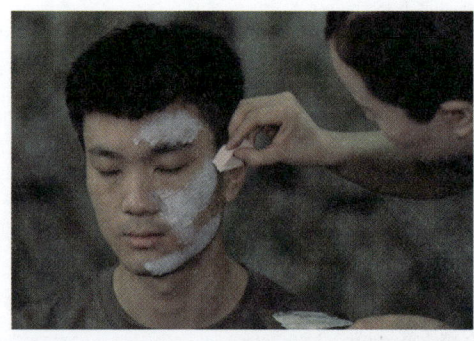
图14-5　再次涂抹乳胶

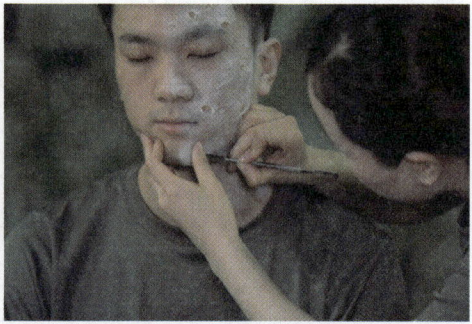
图14-6　调刀做破口

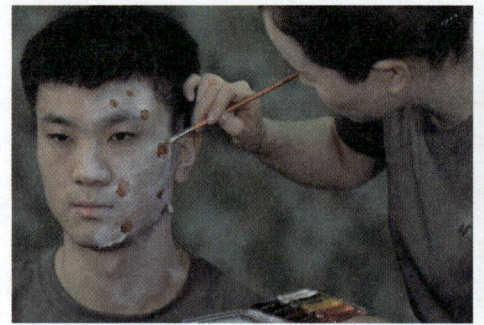
图14-7　取红色油彩上色

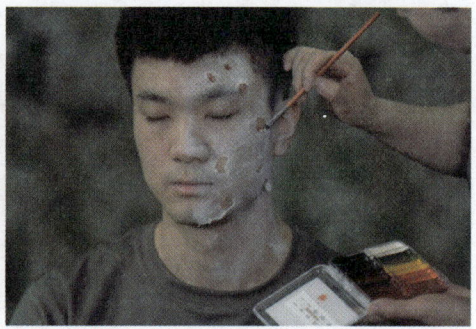
图14-8　取黄色油彩上色

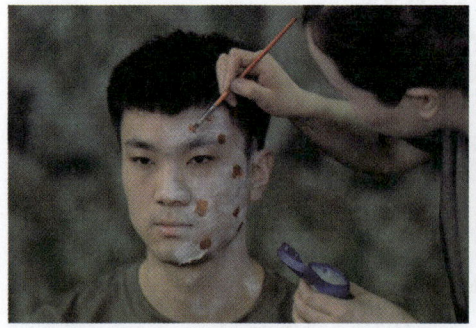
图14-9　涂抹凡士林

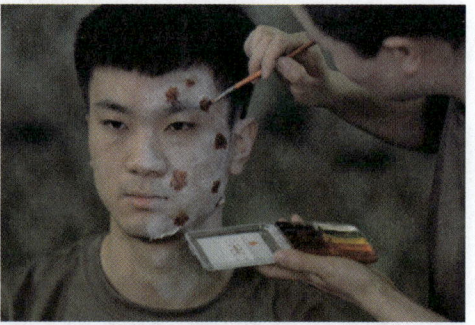
图14-10　涂抹淡红色油彩

9. 用黑色油彩点涂破口边缘（图14-11）。

10. 用三角海绵在皮肤上点涂紫色油彩，营造皮肤青紫的效果（图14-12）。

11. 将碎冰撒在眉毛、鼻尖、下颌部（图14-13）。

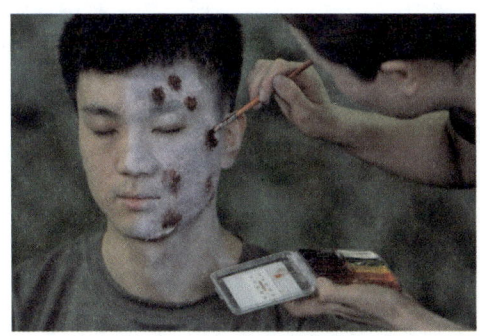

图14-11　点涂黑色油彩

图14-12　点涂紫色油彩

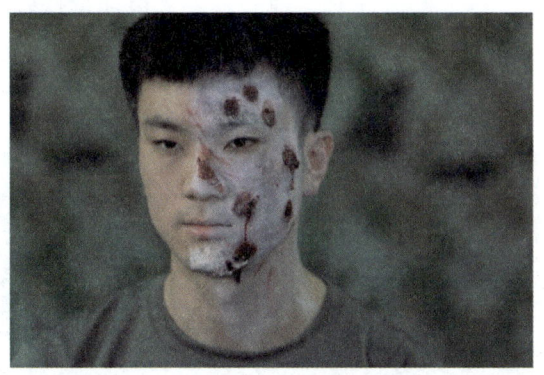

图14-13　撒碎冰制造冻伤效果

四、注意事项

1. 碎冰易融化，可用味精、盐或冰糖等其他物品替代。

2. 数个破口效果营造。

3. 整体效果的渲染可更加突出情景，在伤口周围涂抹红色油彩、伤员衣服涂抹黑色脏粉、伤员表现的痛苦面容都是为了更好地营造效果。

第十五章

面部刀割伤

刀割伤是指皮肤、皮下组织或深层组织受到刀片、铁片、玻璃片等锐器的划割发生的破损裂伤。伤口比较整齐、裂口小、出血多，重者可切断肌肉及肌腱等。

一、面部刀割伤化装流程

（一）前期准备

主要工具材料：肤蜡、凡士林、血浆膏、六色油彩伤效盘、酒精胶水、液体血浆、缝线、三角海绵、伤效海绵、调刀、调色板、脱脂棉、剪刀、油彩笔（图15-1）。

图15-1 主要工具材料

（二）化装步骤

见图15-2。

1.清洁面部。手指蘸取少许凡士林，涂抹掌心及手指，使用调刀蘸取少许凡士林，取适量肤蜡揉搓成长条状，塑形（图15-3）。

2.在面部伤处涂抹酒精胶水，防止肤蜡脱落。待干后，将塑形后的肤蜡放于面部伤处。使用调刀将肤蜡与皮肤接触边缘抹平，避免肤蜡与皮肤接触边缘卷边。使用调刀塑形肤蜡时，若调刀与肤蜡粘连，可使用卫生纸将调刀表面粘连的肤蜡擦掉，在调刀表面涂抹凡士林可有效避免上述情况（图15-4）。

3.将缝线拉直，切入肤蜡底部，每条缝线间隔小于1cm，用调刀再次塑形肤蜡，修复缝线造成的切痕，同时将肤蜡的纵轴线调整为略有凸起（图15-5）。图中为避免因缝线杂乱影响教学效果，减少了缝线的数量。在实际操作中可根据伤效酌情增加缝线数量。

4.使用调刀在肤蜡的纵轴线上轻轻划开，并反复轻划将伤口逐渐扩大，制造割伤效果（图15-6）。

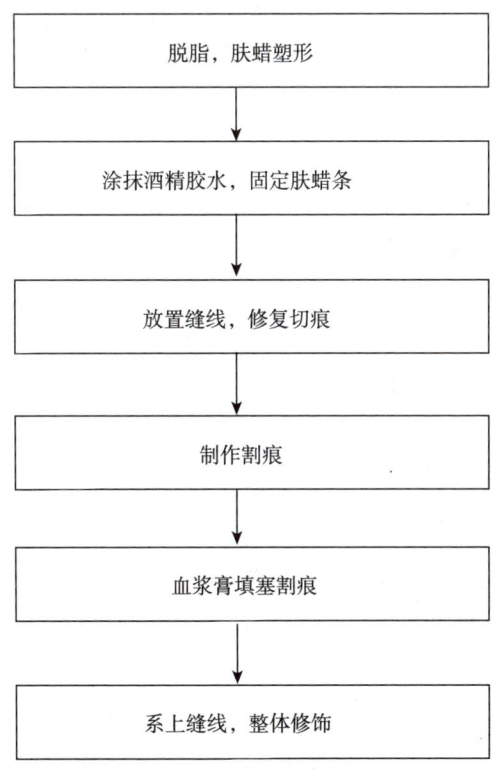

图15-2　面部刀割伤化装流程

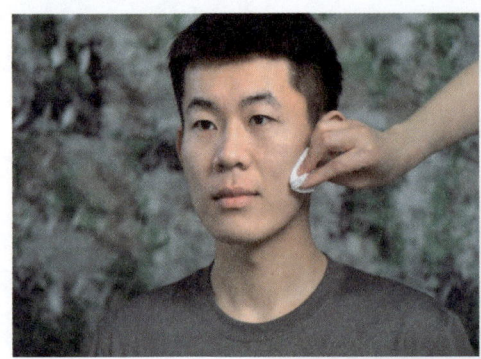

图 15-3　酒精脱脂，取肤蜡塑形

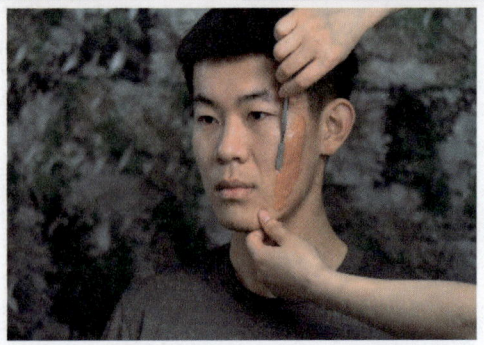

图 15-4　涂抹酒精胶水后粘贴、推展肤蜡

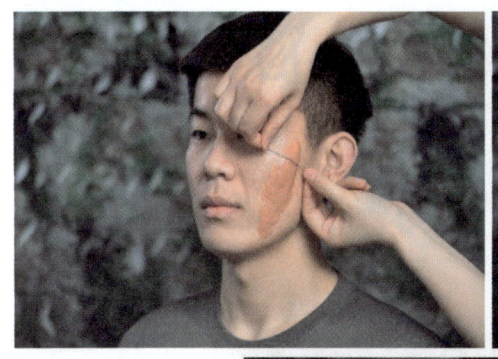
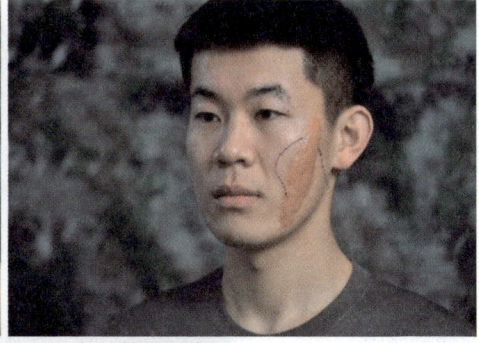

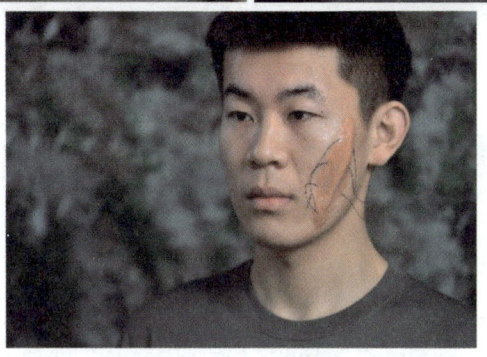

图 15-5　放置缝线

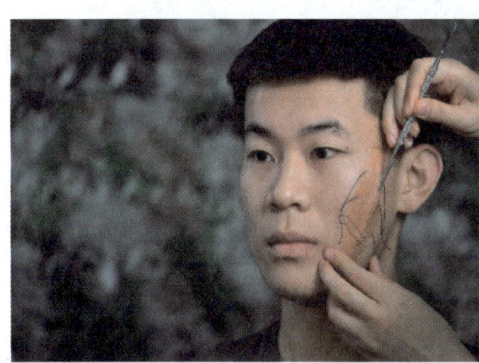
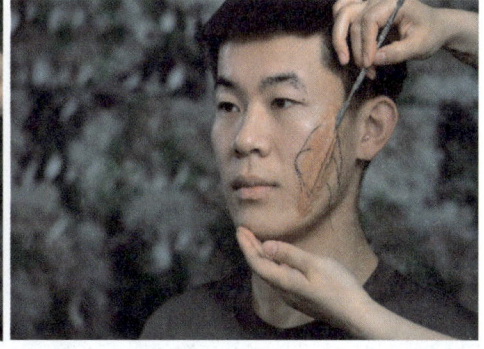

图 15-6　用调刀做出伤口

5. 用三角海绵蘸取红色油彩涂抹伤处，在伤口外围叠加紫色油彩（图15-7）。

6. 用油彩笔蘸取血浆膏逐渐将割痕填满，伤效海绵蘸取适量液体血浆涂抹于伤口周围红肿处及缝线穿过肤蜡处（图15-8）。

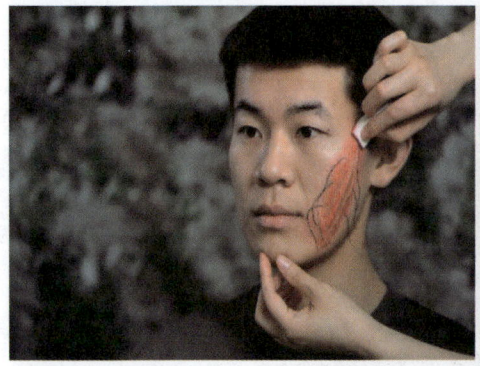
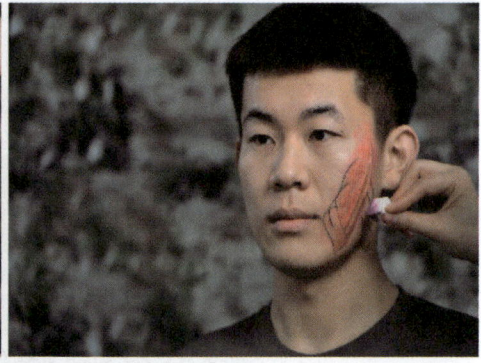

图 15-7　取红色油彩上色

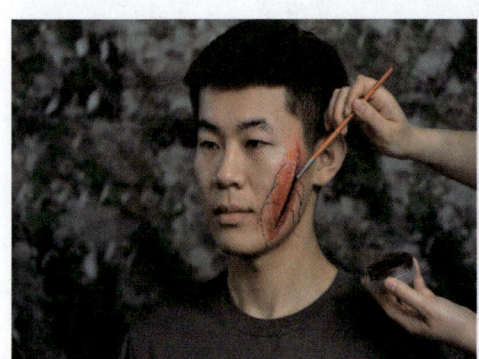
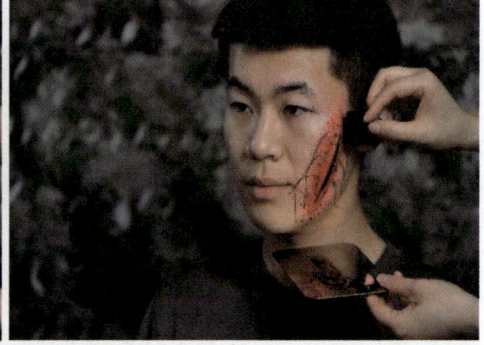

图 15-8　涂抹血浆膏、液体血浆

7.用拇指、食指加压割痕两侧的肤蜡，使割伤伤口变得细长，将每根缝线系上，多余的线头剪掉。整体修饰、美化，使用液体血浆点缀，做出局部有血液流出的效果（图 15-9）。

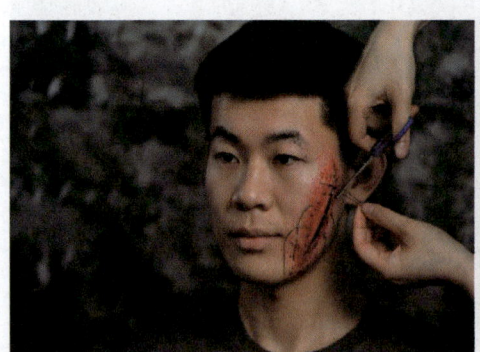
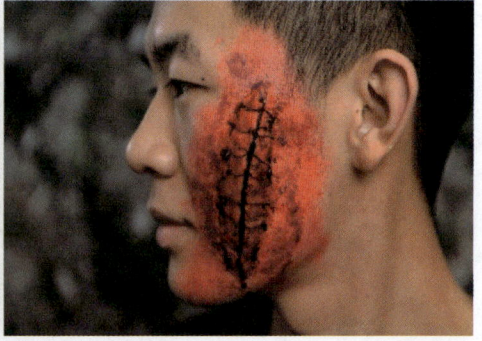

图 15-9　剪掉线头后面部刀割伤效果

二、注意事项

1. 凡士林可有效避免调刀和双手粘上肤蜡。肤蜡与皮肤接触边缘不能卷边，要自然过渡。使用调刀将肤蜡与皮肤接触边缘抹平，避免肤蜡与皮肤接触边缘卷边。

2. 使用血浆膏修饰割痕时血浆膏要填满整个割痕。

参考文献

陈孝平, 汪建平, 2008. 外科学. 第 9 版. 北京：人民卫生出版社.

陈向齐, 张朝春, 吴章盛, 等, 2001. 某部海训练皮肤病调查分析. 解放军预防医学杂志, 19(4):274-276.

冯逸飞, 梁济洲, 邬懿, 等, 2017. 战伤救治模拟训练中的伤员伤情化妆. 解放军医院管理杂志, 11,30(24):1090-1091.

李晓华, 2010. 标准化伤员在机动卫勤分队护士检伤分类培训中的应用. 白求恩军医学院学报, 8(5):360-361.

王侠生, 1989. 职业性环境性皮肤病. 上海：科学技术出版社.

杨志焕, 蒋耀光, 2008. 实用战伤救治. 北京：人民军医出版社.

周小林, 吕明锐, 杜文琼, 等, 2020. 战伤急救培训中上肢锐器伤大出血伤情化妆流程标准化研究. 医疗卫生装备, 41(5):85-88，98.

中华医学会骨科学分会创伤骨科学组, 中华医学会骨科学分会外固定与肢体重建学组, 中国医师协会创伤外科医师分会创伤感染专业委员会, 等, 2019. 中国开放性骨折诊断与治疗指南 (2019 版). 中华创伤骨科杂志, 21(11):921-928.

张琳悦, 邱孝丰, 邱晨, 2020. 医学模拟伤情化妆库的构建与实践. 护士进修杂志, 35(23):2164-2167.

赵辨, 2010. 中国临床皮肤病学（下）. 南京：江苏科学技术出版社.

赵婷婷, 万青, 邱晨, 2019. 伤情化妆技术在军队战术战伤救治综合演练中的应用研究. 中国急救复苏与灾害医学杂志, 14(6):562-564.